Mundo em disputa

Marcia Tiburi

Mundo em disputa
Design de mundo e distopia naturalizada

1ª edição

CIVILIZAÇÃO BRASILEIRA

Rio de Janeiro
2024

Copyright © Marcia Tiburi, 2024

Todos os direitos reservados. É proibido reproduzir, armazenar ou transmitir partes deste livro, através de quaisquer meios, sem prévia autorização por escrito.

Texto revisado segundo o Acordo Ortográfico da Língua Portuguesa de 1990.

Direitos desta edição adquiridos pela
EDITORA CIVILIZAÇÃO BRASILEIRA
Um selo da
EDITORA JOSÉ OLYMPIO LTDA.
Rua Argentina, 171 – Rio de Janeiro, RJ – 20921-380
Tel.: (21) 2585-2000.

Seja um leitor preferencial Record.
Cadastre-se no site www.record.com.br
e receba informações sobre nossos lançamentos e nossas promoções.

Atendimento e venda direta ao leitor:
sac@record.com.br

CIP-BRASIL. CATALOGAÇÃO NA PUBLICAÇÃO
SINDICATO NACIONAL DOS EDITORES DE LIVROS, RJ

T431m

Tiburi, Marcia, 1970-
  Mundo em disputa : design de mundo e distopia naturalizada / Marcia Tiburi. - 1. ed. - Rio de Janeiro : Civilização Brasileira, 2024.

  ISBN 978-65-5802-133-9

  1. Ciência política - Filosofia. I. Título.

24-88121
CDD: 320.01
CDU: 32:1

Meri Gleice Rodrigues de Souza - Bibliotecária - CRB-7/6439

Impresso no Brasil
2024

À memória de Adriana Dias, feminista anticapacitista que, por décadas, mapeou grupos neonazistas no Brasil. Adriana estará presente para sempre em todas as nossas lutas.

SUMÁRIO

INTRODUÇÃO AO PROBLEMA

A disputa sobre a ideia de mundo — 13

A naturalização da experiência da distopia — 27

Uma guerrilha conceitual contra a destruição naturalizada — 37

A artilharia ideológica na produção de uma estrutura desestruturante — 45

O realismo patrirracialcapacitalista como indústria terrorista da distopia naturalizada — 51

PARTE 1. CÓDIGOS DISTÓPICOS

Carceri: no espelho das prisões distópicas — 67

O patrirracialcapacitalismo a ser superado   75

Mundo como ideia matriz onde ser é estar situado   85

O mundo como alteridade indedutível no horizonte da complexidade e da compreensibilidade   97

A função codificadora da distopia   107

O mundo codificado como mercadoria   115

A circulação da informação e a repetição do código   121

O princípio do obscurantismo e a geometria variável do ódio num mundo criptografado   125

O mundo codificado é calculado e administrado   133

Grafopoder, conceitografia ou o design como pré-fabricação do mundo   141

Globalização: da cacotopia cuja meta é a catástrofe à hipnose cuja meta é o esvaziamento subjetivo   151

Parque-tematização como mercado da mimetização   163

Ventriloquacidade, próteses cognitivas e produção de subjetividade   171

Uma conclusão provisória: o paradoxo administrado e sua superação   181

PARTE 2. CÓDIGOS UTÓPICOS

O sucesso do fim da utopia ou o poder de uma
    narrativa   191

O sequestro da ideia de mundo seguido do
    sequestro da utopia   199

Um outro mundo possível ou como o PRCC será
    superado por alternativas criativas   205

A libertação da imaginação como caminho para
    a democracia radical   211

Uma poético-política contra prisões digitais   219

A contracodificação utópica na desconfiguração
    do PRCC   225

Criações narrativas e projeção política   229

A imaginação tecnoantropófaga   235

Pensar criticamente é um ato utópico   239

Um outro mundo possível   247

Referências bibliográficas   253

INTRODUÇÃO AO PROBLEMA

A DISPUTA SOBRE A IDEIA DE MUNDO

De Platão a Whitehead, dos pré-socráticos a Isabelle Stengers, de Descartes a Wittgenstein, de Parmênides a Husserl, de Giordano Bruno a Silvia Cusicanqui, a ideia de mundo sempre esteve em disputa. Em certas épocas, ela levou à prisão, como aconteceu com Galileu Galilei, condenado pela Inquisição em 1633 por defender o heliocentrismo. Ou à morte na fogueira, como aconteceu com Giordano Bruno em 1600, que, além de defender o heliocentrismo, afirmou que o universo era infinito e composto de múltiplos mundos. Séculos depois, quando os Estados Unidos e a União Soviética, duas potências nucleares, concorriam pelo domínio imperial sobre o planeta, criou-se a definição de "terceiro mundo", hoje em desuso. A disputa sobre o mundo permanece expressa no conflito entre a retórica da colonização que fala em "descoberta da América" e a crítica anticolonial que fala em "invasão". É parte desse embate a substituição do próprio termo "América" por "Abya Yala",[1] como fazem os povos andinos desde os anos 90 do século XX. Hoje, permanece ainda a crença chamada de "terraplanismo", que avançou com o fascismo em vigor, e que não é apenas mais um delírio de massa, é também a caricatura da disputa sobre o conceito de mundo.

Mundo é um assunto decisivo nas perspectivas territorial, teológico-metafísica ou econômica. Certamente, também é sempre um tema político.

---

[1] Na língua do povo Kuna, que habitava entre o Panamá e a Colômbia antes da invasão do território heterodenominado "América", Abya Yala significa "terra que floresce", "terra madura", "terra em seu total esplendor". Organizações e instituições de povos andinos usam o termo para se referir ao continente americano. *Ver* "Os povos indígenas na América Latina: avanços na última década e desafios pendentes para a garantia de seus direitos", publicado em 2015 pela Comissão Econômica para a América Latina e o Caribe (Cepal).

Com a dominação da política, como fundamento da condição humana, pela ideologia do economicismo capitalista, mundo foi reduzido a mercado, e suas partes, a mercadoria, dentro de um cálculo utilitário. O utilitarismo continua sendo a base de grande parte das "visões de mundo". Se o mundo é objeto ou fonte de conhecimento, não se pode esquecer que ele é espaço habitado e condição de toda experiência, inclusive da própria "experiência de mundo". O mero olhar humano, assim como todas as teorias criadas sobre o mundo, mais projeta do que revela algo sobre ele. Efetivamente, algo como "o mundo" só pode ser concebido dentro dos limites do pensamento, como em Kant, ou dos limites da linguagem, como sustentava Wittgenstein. Isso significa que há muito mais do que se pode conceber e, paradoxalmente, o mundo que concebemos está cada vez menor, tendo em vista a quantidade de habitantes e o volume crescente de relações e de seus potenciais mediadores. Quando levamos em conta a internet como "novo mundo", percebemos que o mundo se estabelece entre a entropia e a neguentropia, que ele está, ao mesmo tempo, cada vez maior e cada vez menor em decorrência dos processos de organização e desorganização que lhe são constitutivos.

A ideia de que os limites do mundo são "limites da linguagem"[2] pode ser visualizada, em chave política, na relação entre linguagem e política como uma banda de Möbius.[3] Isso quer dizer que, assim como

---

2 Ludwig Wittgenstein, *Tractatus Logico-Philosophicus*, 1968, p. 111.
3 A banda de Möbius é uma figura da geometria projetiva. Trata-se de uma imagem útil pela qual se visualiza o entrelaçamento de linguagem e política como duas faces de uma mesma fita, em que exterior e interior são o mesmo devido a uma torção das superfícies. Recuando no tempo, vemos que, em Aristóteles, as definições do *zoon logikon* [animal racional] e do *zoon politikon* [animal político] se assemelham a essa estrutura. A banda de Möbius pode ser também um esboço útil da relação entre teoria e prática, entre discurso e ação. Enquanto ela nos permite visualizar a torção, o momento em que uma coisa se torna outra, ou seja, o ponto de encontro entre dois lados opostos implicados entre si, nos serve também para visualizar o caráter de projetividade, ou seja, a condução de um lado ao outro. Nesse sentido, a imagem expõe uma topologia não estática, com a qual podemos pensar questões políticas, sobretudo aquela que nos toca desde a "11ª Tese sobre Feuerbach": como superar a simples interpretação do mundo e transformá-lo.

na famosa fita do matemático do século XIX, uma coisa passa pela outra, um lado entra em torção e se transforma no outro. Os limites da linguagem não são apenas os limites daquilo que é representável e compõe o mundo como espaço linguisticamente concebido. O mundo é o que se cria na linguagem, e a linguagem define o limite do mundo, sendo que o que chamamos de mundo vem a definir o que podemos em termos de linguagem. Mundo e linguagem se confundem em função de limites que são, na verdade, contornos. Contudo, é a própria definição do limite que se esgarça quando a linguagem é manipulada, e esse é um problema que turva a nossa visão de mundo.

Podemos criar teorias e fantasias sobre o mundo, mas jamais envolvê-lo ou "tomá-lo" senão pelas representações que temos dele, por conceitos, noções e imagens mentais que nos são dadas ou que nós mesmos criamos, definimos ou posicionamos mental e linguisticamente. A ideia de mundo é "uma" ideia em disputa enquanto é "a ideia" que permite o jogo da dominação entre ideias. Por ser uma ideia geral, ela comporta todas as outras. Mundo é uma ideia matriz que define as condições de possibilidade de outras ideias sobre o mundo, e até mesmo de "mundos" no plural. Mundo é um arquétipo, um arque-tipo, uma imagem anterior a todas as outras, continente, abrangente, uma figuração ou configuração, um princípio "conceitográfico", uma espécie de "tipografia" geral a partir da qual se organizam códigos.

Cada mundo é o conjunto dos fatos que podemos reconhecer, ou seja, das coisas que acontecem e que podem ser reconhecidas como acontecimentos. Determinar o que acontece implica gerir um mundo. O contexto simbólico-existencial é o *locus* onde acontecem as coisas que podem ser reconhecidas, na medida em que os acontecimentos ou fatos linguísticos, como tais, dependem da cognição para serem lidos. Se não se pode conhecer a coisa em si, como levamos em conta desde Kant e Schopenhauer, uma coisa pode ser compreendida por meio de sua representação. Mundo é uma representação de um conjunto de representações. A compreensibilidade, por sua vez, fazendo parte do mundo, é uma potência do sujeito do conhecimento. O controle da representação das coisas, ou seja, o controle das ideias, dos conceitos, das palavras e das imagens, é parte fundamental dos jogos de poder que agem linguisticamente.

Desse modo, ao conjunto de acontecimentos dentro de um contexto compreensível chamamos de mundo. O próprio pensamento é um acontecimento, ou seja, um fato que pode ser objeto de compreensão e que, fazendo parte do mundo, ao mesmo tempo, nos permite chegar a ele. O mundo é um conjunto de fatos que não pedem para ser compreendidos, mas que o podem ser dentro dos limites de quem compreende. Isso quer dizer que, do mundo, temos uma compreensão sempre precária, realizada com base na nossa experiência, ou seja, nos dados que nos são fornecidos para que possamos compreender. É essa experiência de mundo que é manipulada economica, teológica, estética e politicamente.

Dizer que o mundo está em disputa implica afirmar que há jogos de poder sobre a ideia matriz de representação do universal que não podem ser negados de um ponto de vista ecológico. Ao longo da história, teóricos se fixaram na questão da natureza humana e depois da espécie humana. Hoje, se trata de pensar em termos da vida do planeta no qual a espécie humana vive de maneira predatória ao lado de outras. Estratégias linguísticas e discursivas, na forma de narrativas, são produzidas para evitar que as pessoas compreendam o mundo e sua situação no mundo. No extremo, o controle da ideia de mundo visa ao controle do mundo como campo de experiência, o que só é possível pelo controle da linguagem, que seria capaz de analisar, conceber, questionar. Em suma, de montar e desmontar algo como um "mundo" com base em uma ideia e na forma de narrar essa ideia.

Ao lado da linguagem verbal, a linguagem visual é dominante nas sociedades que compõem a civilização[4] atual. Portanto, devemos compreender "narrativa" como algo que cria um mundo organizado

---
[4] Civilização aqui tem um sentido substantivo, didático e retórico, por ser uma palavra conhecida, e não um sentido qualitativo.

em palavras e imagens. Esse mundo implica uma verdade verbovisual, discursivo-visual ou literário-visual coesa. O sistema simbólico atual instaura narrativas verbovisuais dominantes para definir todas as demais narrativas de maneira programática. Nesse sentido, se fôssemos trabalhar com hipóteses filosóficas, como a caverna de Platão, o Leviatã de Hobbes ou a horda assassina do pai de Freud, diríamos que a primeira grande narrativa foi instaurada pelo macho dominante (que não deixa de ser um leviatã formado de todos os corpos de todos os homens a serviço do poder) como uma ameaça a todas (todes e todos) que não servissem aos seus privilégios. O *pater potestas* [pai de família] é um arcaísmo que continua em vigência como uma forma de terror tanatopolítico sobre os corpos ameaçados dentro do sistema atual, no qual a distopia foi naturalizada. Mais que isso, a tendência dominante do senso comum é o império da teologia econômico-política neoliberal em que a distopia se tornou capital. O neoliberalismo é, ele mesmo, uma distopia a ser superada. Contra a distopia naturalizada de uma estação espacial neoliberal para 1% da população humana viver, proponho a utopia de mudar o destino do mundo habitado por diversas espécies.

Dividi este livro em três segmentos: uma introdução e duas partes que dispõem conceitos e questões que funcionam como "células-tronco" de pensamento, pois visam a curar corpos mentais adoecidos. Esta introdução – que é, como as partes, também subdividida e que alguns podem considerar um pouco longa – visa a apresentar o problema da catástrofe naturalizada que é explicitada em "Código distópico". Trata-se da descrição do mundo codificado fundamentada na catástrofe na qual vivemos. Nela, constrói-se a crítica do pesadelo e da alucinação patrirracialcapacitalista em torno da ideia de mundo. A segunda parte trata do que chamei de "Códigos utópicos". Nela, busquei falar de utopia apontando para o seu caráter de abertura ao outro, como um contraponto natural da ideologia vigente e como capacidade de criar mundos possíveis para além da destruição naturalizada que dá a tudo um ar de distopia.

Trabalhei cada um dos tópicos como atos de pensamento dispostos em sequência. A imagem das "cartas na mesa" ajuda a entender o método de composição do livro. Espero que os argumentos apresentados possam desenhar uma imagem compreensível da distopia vivida como verdadeira realidade e como "melhor dos mundos possíveis" e que, sobretudo, estimulem a pensar. No ato de pensar criticamente está a promessa de atravessar a neblina provocada pelas bombas do gás ideológico que nos mantêm presos no abismo do sistema e programados para obedecer.

Ver a luz no meio da neblina, catapultar o pensamento para além do sufocamento vigente, é o objetivo do processo, que se parece com um jogo. Para jogar, é preciso mover a pedra fundamental do desejo contra gigantes devoradores, com suas presas afiadas devorando a vida como um todo. Acredito que o livro, como objeto utópico, é uma boa pedra para lançar contra a boca aberta dos gigantes e, assim, desequilibrar a engrenagem que nos mastiga sem piedade.

A imagem perturbadora de mundo sobre a qual falo neste livro pede socorro à imaginação, que promete refazer o campo do sentido como uma ferida que se cura de dentro para fora. Se a ideia de mundo é uma imagem manipulada na sociedade da administração visual, na qual a imagem é o próprio capital, libertar essa imagem é como abrir as portas e as janelas de uma prisão.

Descrever a experiência do que se entende por "mundo" hoje obriga a avançar na direção de uma fenomenologia política capaz de enfrentar a distopia real enquanto aponta para fora dela. Outra iconologia política deverá surgir no meio dessa fenomenologia voltada à compreensão do patrirracialcapacitalismo. Uma poético-política acompanha essa fenomenologia. Ela é necessariamente feminista, no sentido de projetar um mundo de cuidado e comunhão entre seres humanos e natureza. Ao mesmo tempo, é comunista, no sentido de agenciar a consciência do comum, e é teórico-crítica, no sentido de buscar um diálogo que reforce o lugar da reflexão ativa e transformadora do mundo. Na base, é a consciência do possível como impulso da teoria o que constrói uma tática de guerrilha conceitual e o novo desenho do mundo que buscamos.

Ao reler o meu próprio trabalho, percebo que se inscreve perfeitamente na perspectiva dos movimentos "altermundialistas", que se guiam pelo enunciado revolucionário "outro mundo possível". Em certo sentido, as bases dessa modesta contribuição surgiram há décadas no começo da minha experiência com a filosofia, quando, bem cedo, me deparei com a "11ª Tese sobre Feuerbach", de Marx: "os filósofos apenas interpretaram o mundo de diferentes formas, o que importa é transformá-lo".[5] Me alegro em me ver às voltas com as promessas da juventude, mais uma vez.

---

5 "Die Philosophen haben die Welt nur verschieden interpretiert; es kommt aber darauf an, sie zu verändern." Karl Marx, *Thesen über Feuerbach*. [Nach dem mit dem Marxschen Manuskript von 1845 verglichenen Text der Ausgabe von 1888], 1955.

Às leitoras e aos leitores, desejo uma boa viagem pelas páginas que seguem, esperando que este livro seja também um veículo que, trafegando sobre o vazio, nos permita vislumbrar, para além do abismo, outro mundo possível.

A NATURALIZAÇÃO DA
EXPERIÊNCIA DA DISTOPIA

Vivemos uma distopia coletiva aceita e permitida. A destruição foi naturalizada, ou, em termos mais explícitos, a destruição universal foi naturalizada. A tese não é nova e é fácil acusá-la de catastrofismo, conspiracionismo, culto apocalíptico ou até mesmo delírio. Contudo, se há um grão de verdade em todo delírio, como diria Freud, nesse caso, ele está no potencial de contraposição dessa tese à retórica do otimismo que faz parte da modernidade capitalista e que chega até nossa época totalmente naturalizada e, não por acaso, universalizada.

A proposição pessimista universal é uma provocação. Ela oferece um parâmetro de comparação com o abstrato otimismo reinante, que, paradoxalmente, tem atrapalhado o nascimento da utopia como promessa e como projeto ao se oferecer como utopia realizada. O otimismo prático é a virtude daqueles que Frantz Fanon chamou de "os condenados da Terra"[6] — os que buscam impulsos para seguir lutando pela vida —, mas que, invertido, na retórica do sistema, serve também como autofetichização do capitalismo. Minha esperança é que dessa equação que contrapõe pessimismo e otimismo resulte uma percepção mais aguçada da realidade atual do mundo, o que não podemos supor antes da análise.

A destruição foi naturalizada para se tornar palatável. A destruição aceitável, ou seja, que pode ser desfrutada pelo gosto, não é dirigida aos donos do poder econômico, que terão sempre garantido todo o prazer que o dinheiro pode comprar e que o sadismo pode promover. A destruição resulta em uma

---

6 Frantz Fanon, *Os condenados da Terra*, 2022.

imagem em que miséria, pobreza, fome, doença, sofrimento e guerra mostram seu poder sobre corpos lançados à própria sorte nas ruas das grandes cidades. A destruição naturalizada é também uma metodologia e uma tecnologia política oferecida às classes exploradas, aos pobres que não têm direito ao "bom gosto", mas que sempre podem desejar ter o que não poderão no processo de alienação econômica que se vale de manipulações estéticas. A alienação é também estética: o "melhor" não estará ao alcance das massas aduladas com lixo cultural. Assim, a exclusão é econômica, mas é também estética, como mostrava Pierre Bourdieu em seu clássico livro sobre o senso estético como senso da distinção,[7] que é, ao mesmo tempo, uma tecnologia política.

No contexto da destruição naturalizada, a estética burguesa vem camuflar o horror, que deve parecer "belo". O "belo" é administrado em sua função de acobertar, o que só é possível no apagamento total da

---

[7] Pierre Bourdieu, *A distinção: crítica social do julgamento*, 2007.

diferença, ou seja, na produção da semelhança geral. Corpos, casas, cidades inteiras, tudo obedece ao princípio decorativo imposto pelo design capitalista. O "belo" não é mais do que uma máscara para o horror e pede concordância dos indivíduos e assentimento das massas. O conservadorismo é estético, e é desse modo que ele transmite e assegura a conservação. A naturalização da destruição nada mais é do que a repetição a qualquer custo, o que impõe a norma visual, mas livra do cuidado com o mundo. O conservadorismo é o contrário técnico da utopia e é, ao mesmo tempo, mitomaníaco, ou seja, criador de narrativas que modulam a verdade que ele precisa transmitir.

O que sobra dessa equação é a verdade da destrutibilidade, categoria que precisamos enfrentar no contexto da análise do sistema que nos programa. Nesse caso, a destrutibilidade, como potencial e como valor, está expressa na experiência de distopia vivida em um sistema simbólico, econômico e político camuflado de "melhor dos mundos possíveis",[8]

---

8. Voltaire, *Cândido, ou o Otimismo*, 2012.

como dizia o personagem Cândido no irônico conto filosófico publicado por Voltaire no final do século XVIII. Aqui, chamaremos esse sistema de "patrirracialcapacitalismo" – amálgama de patriarcal, racial, capitalista e capacitista –, abreviado por PRCC. A intenção desse nome feio, abreviado com essa sigla chamativa, é expor a unidade de opressões que incidem sobre todos os seres da Terra, da qual os indivíduos humanos – e seu genérico coletivo "ser humano" –, em suas dimensões corporal e psicopolítica, são os principais agentes e também as vítimas junto a outros seres não humanos, sobre os quais nossa espécie destrutiva sabe muito pouco.

O patrirracialcapacitalismo não visa apenas a abusar dos corpos que usa para se manter, ou violentar o ecossistema do qual depende enquanto sustenta a fantasia de sua infinitude, mas visa a destruir o mundo, o que implica destruir a si mesmo. O projeto de destruição é explícito, e cada vez mais pessoas percebem isso. O clima de otimismo que ofusca a realidade está cada vez mais abalado. A despeito da ingenuidade dos seres humanos, sobretudo quando se lançam na "massa", vicejam a desconfiança e a dúvida quanto ao sentido da vida sob o sistema, o que fica explícito no recrudescimento de religiões que oferecem paz a espíritos atormentados. Para as pessoas concretas, é difícil perceber que os tormentos experimentados não vêm "de dentro", da "alma" ou da "subjetividade". Nem mesmo dos desígnios de Deus, tampouco são produto do "espírito" que não encontrou equilíbrio. Eles são frutos do sistema que projeta e calcula sobre o sofrimento de cada corpo. O cálculo sobre o que pensamos e sentimos, incluso o sofrimento, implica o psicopoder, ou seja, faz parte do arranjo do PRCC.

Que super-ricos projetem estações espaciais para habitar longe do planeta Terra é um sinal de múltiplos significados: a desvalorização do planeta, seu descarte como lixo, seu abandono irresponsável, o desrespeito pelas espécies que nele habitam e pela vida de um modo geral, além de uma brutal falta de amor-próprio. A prepotência patrirracialcapacitalista esconde não só a falta de amor aos outros, mas também a falta de amor a si mesmo. A falta de erotismo, no sentido genérico de disposição para a vida, revela o gozo com a morte em sua fase viciada. A aniquilação de tudo e a autoaniquilação entregam-se ao abismo. A vida vem sendo danificada[9] e já não basta acionar o aviso de incêndio, como diria o filósofo alemão Walter Benjamin. É preciso saber que psicopatas rondam a nossa casa munidos de todas as armas que podem ser usadas numa guerra híbrida infinita. Super-ricos estão no topo de uma cadeia em cuja base estão os miseráveis devorados pela fome e pela necessidade, os que têm menos chance de se proteger nos espaços da cadeia aprisionante do sistema.

No cerne das questões e dos problemas que obrigam a discutir sobre utopias e distopias, desponta neste livro um tema filosófico, tão epistemológico quanto político: o tema do mundo em disputa. O neoliberalismo, como teologia econômico-política, organiza-se como um procedimento de dominação do mundo que passa pelo controle das ideias que

---

9 O subtítulo de *Minima moralia*, de Theodor Adorno, é *Reflexionen aus dem beschädigten Leben* [Reflexões sobre a vida danificada], que também poderia ser o subtítulo deste livro.

flutuam na esfera da linguagem como substâncias que valem muito dinheiro. As ideias são a quintessência do capital. Indivíduos e grupos que desejam controlar o mundo precisam capturar e controlar as ideias, principalmente a "ideia" de mundo. A ideia de Deus já foi usada para isso. Todo controle precisa ser administrado, ou seja, dirigido e governado economicamente, o que se faz a partir de cálculos em diversos níveis, inclusive sobre o que se pensa e se acredita, sobre o que se sente e o que se deseja, que é o cálculo sobre a percepção, o chamado psicopoder.

A ideia de mundo é a principal ideia a ser dominada, tanto quanto se faz com as ideias de Deus e tantas outras, mas, para isso, precisa ser administrada. O que chamo de "ideia de mundo" é a representação do mundo que deve ser apresentada para formar o espelho das crenças e manter a estrutura da dominação.

Em política, sempre podemos falar de codificações utópicas e distópicas e das guerras contra o povo, bem como das lutas por hegemonia que tais codificações provocam. A disputa entre codificações gera atritos e antagonismos que são naturais em uma democracia. A própria democracia é um sistema de codificação de caráter agonístico,[10] em que o caos e o desentendimento são regras de um jogo que, paradoxalmente, pode gerar a única justiça possível. De qualquer modo, para entender o que a política faz conosco e o que podemos fazer com ela, é preciso tomar ciência de como esses códigos são acionados, como eles estruturam o nível ontológico, ou seja, o ser que somos, mas também o nível ético-político, o que fazemos a partir do que o sistema faz conosco. O jogo político, como jogo de linguagem, é um processo que envolve nossa existência reduzida a peças de uma engrenagem.

---

[10] Chantal Mouffe, *Agonistics: Thinking the Word Politically*, 2013.

UMA GUERRILHA CONCEITUAL CONTRA A DESTRUIÇÃO NATURALIZADA

Diante da guerra de destruição promovida pelo sistema econômico e simbólico em curso, proponho uma guerrilha conceitual que nos permita pensar, ao mesmo tempo, utópica e pragmaticamente sobre um mundo que vem sendo destruído e cuja destruição foi naturalizada e oferecida, ela mesma, como mercadoria. Tendo sido proposta como o melhor dos mundos para sujeitos reduzidos a espantalhos do sistema, a destruição naturalizada implica a contínua produção da destruição de um mundo moldado como distopia como se fosse o seu contrário, a utopia. Isso é possível porque a mercadoria foi elevada à forma cognitiva do mundo e interiorizada nos esquemas de pensamento.

A guerrilha conceitual é a defesa da reflexão e do impulso utópico inerente ao pensamento crítico. Com isso, quero falar da utopia pragmática, ou seja, da reflexão com senso de consequência quanto ao destino do mundo. Ela se dá em nome de uma democracia concreta e radical, que inclui a participação de todos os corpos, de todos os grupos que, até o momento, estiveram submetidos ao monopólio da violência patrirracialcapacitalista. A democracia radical é parte da proposta de um outro mundo possível,[11] liberto da distopia da destruição naturalizada.

---

11 A frase "um outro mundo possível" pode ter sido inspirada numa frase citada do poeta Paul Éluard. *"Il y a assurément un autre monde, mais il est dans celui-ci et, pour atteindre à sa pleine perfection, il faut qu'il soit bien reconnu et qu'on en fasse profession. L'homme doit chercher son état à venir dans le présent, et le ciel, non point au-dessus de la terre, mais en soi"* ["Existe certamente um outro mundo, mas ele está neste, e para atingir a sua perfeição total, é preciso que ele seja bem reconhecido e professado. O homem deve procurar o seu estado futuro no presente, e o céu, não acima da terra, mas dentro de si"]. Paul Éluard, *Oeuvres complètes*, 1968, p. 986.

A destruição vem sendo naturalizada como alternativa, o que constitui um paradoxo. Contra ela, a guerrilha conceitual, reflexiva e teórica impulsiona à práxis, para a qual o trabalho do pensamento é uma base concreta de apoio. O objetivo deste livro é, portanto, servir de fundamento, de chão e de instrumento de reflexão. Ele busca entrelaçar-se à luta prática, pois nasce dela e sabe da importância de estimular as consciências.

Che Guevara definiu "guerrilha" como a ação da vanguarda combatente que se defende do opressor cujo poder de ataque é imensamente maior do que a ação dos guerrilheiros. Aqui, opressor é o sistema simbólico e econômico que opera entre as violências simbólica e física, entre a humilhação e a adulação, entre a enganação e a desinformação, contra corpos e mentes que ele precisa capturar, moldar e fazer funcionar conforme seus interesses até o descarte, quando esses corpos – vítimas da avareza, do ódio, da usura e do abuso – são lançados ao abandono numa espécie de pena de morte por descaso. A culpa e a responsabilidade ficam por conta da própria vítima proscrita do jogo a cujo serviço ela foi submetida. Precisamos nos defender desse sistema que nos aliena se quisermos resistir para mudar o estado de coisas injustas que ele produz e reproduz.

A guerrilha conceitual é um movimento que visa ao desencadeamento de uma estratégia de superação do PRCC, cujo princípio tóxico precisa ser vencido objetivamente, mas também subjetivamente, ou seja, dentro de nós. Afinal, não haveria machismo, racismo, capacitismo e capitalismo se não houvesse interiorização de seus funcionamentos por meio de mecanismos de subjetivação que envolvem corpos, desejos, pensamentos, sentimentos, afetos e crenças.

A opressão objetiva escraviza e dociliza corpos simulando seu acordo e consentimento, pois eles raramente conseguem se contrapor ao sistema. O corpo seduzido reage com idolatria ao sistema que o captura. O corpo revoltado reage revolucionariamente contra toda tentativa de opressão.

A guerrilha conceitual se constitui no questionamento e na liberação de conceitos para uso comum visando à construção de outro mundo comum. É preciso liberar o pensamento para que ele se torne reflexivo e, desse modo, possa favorecer a experiência humana em suas dimensões existencial, material, corporal, cultural e linguística, para o desenvolvimento de uma vivência de felicidade. Felicidade é um conceito político utópico que foi devorado pelo sistema, cujo potencial transformador deveria ser devolvido às pessoas. A guerrilha conceitual não descansará enquanto não alcançar o seu objetivo de libertar nossos corpos.

De fato, a artilharia capitalista totalitária, imperialista, misógina, racista e capacitista promovida pelos donos dos meios de produção da linguagem é gigantesca e desproporcional diante de instrumentos de luta que, com muita dificuldade, poderíamos chamar de "armas". A guerrilha em questão é contra uma guerra sistemática. Ela visa a superar o sistema da violência e do ódio genérico contra a vida e contra os corpos insurgentes que resistem como portadores da vida capturada no sistema antivida em nome do ódio sistematizado.

Espero que as palavras deste livro possam ir além das armas. Que elas possam ser instrumentos mágicos da guerrilha conceitual na luta ritual do pensamento reflexivo contra o sistema da opressão ultra-armado, em plena artilharia contra os corpos que anseiam e lutam por democracia radical, uma democracia qualitativamente diferente da teatral democracia burguesa que acoberta o PRCC e seu projeto de extermínio dos vulneráveis.

O sistema de dominação e opressão que precisamos compreender é perverso. Ele calcula sobre a dificuldade que temos em acreditar no que está acontecendo. Despertar do pesadelo exige esforços aos quais não estamos acostumados. A consciência da qual dependem todos os movimentos transformadores está cada vez mais rara. Ela tem sido aniquilada pelo poder em jogos psicopolíticos.

Do resgate do pensamento crítico emerge a salvação da ideia de mundo da qual dependem as transformações capazes de nos livrar do PRCC, em que o neoliberalismo narcísico e o narcisismo neoliberal-fascista, em mais uma expressão escatológica atual, seguem dominando corpos e produzindo subjetividades perversas que garantam a sustentação de um sistema perverso. Uma guerrilha conceitual pode despertar do sono dogmático do momento. Este trabalho deriva da consciência utopista de que os rumos políticos e sociais que podemos seguir, como espécie ou comunidade humana, dependem da retomada de formas de pensar que produzam libertação subjetiva e objetiva, que devolvam a imaginação às pessoas e garantam o respeito à existência do diferente, inclusive de outras espécies além da humana, considerando o planeta como um lugar onde o especismo humano precisa ser superado. Essa luta é pela defesa do que é "não idêntico" no contexto do sistema PRCC.

A ARTILHARIA IDEOLÓGICA NA PRODUÇÃO DE UMA ESTRUTURA DESESTRUTURANTE

Uma guerra cultural é perpetrada pelos donos dos meios de produção do mundo, que dependem do monopólio da ideia de mundo para produzi-lo. Não seria por menos que os neoliberais estocariam ideias e capital em vez de alimentos, algo que eles sabem que nunca vai lhes faltar, pelo menos até o fim do mundo, que faz parte do seu projeto tanatopolítico – mesmo que, antes do fim, o mundo inteiro esteja faminto.

A guerra em curso é ideológica e econômica, psicológica e moral, estética e teológica. Ela é travada contra os corpos humanos e contra os corpos de outras espécies existentes. Essa guerra é linguística e física e visa a imprimir códigos ao pensamento, à sensibilidade e à conduta humana. É uma guerra de controle que incide sobre a percepção de indivíduos, mas afeta populações inteiras. Ela opera numa direção antiutópica para atacar crenças e desejos, o ser e o dever-ser. Transformar o povo em massa e garantir que cada indivíduo seja incapaz de revoltar-se contra a dominação é fundamental ao andamento dessa guerra. É contra ela que propomos uma defensiva guerrilha conceitual.

O termo guerra pode soar exagerado para os mais apegados à literalidade, mas ele aponta para a tática de bombardeios publicitários, midiáticos, imagéticos, discursivos e narrativos aos quais as pessoas se acostumam de tal forma que se tornam incapazes de vê-los, não podendo, desse modo, imaginar como seria possível fugir deles. É uma economia psicopolítica do choque,[12] que administra a vida

---

[12] Sobre o choque como estratégia, remeto ao livro: Christoph Türcke, *Sociedade excitada: filosofia da sensação*, 2010.

cotidiana e imprime um algoritmo ao seu metabolismo. A artilharia ideológica é sempre vencedora e transforma a todos em seres assustados, estressados e/ou conformados. Proteger-se dessa artilharia e preservar a vida implica saber agir nas trincheiras, evitando ser capturado pelos inimigos publicitários e midiáticos que confinam e canibalizam corpos para seu uso e sustento. O objetivo é retirar de cada corpo existente a dimensão da possibilidade, relançando-o numa servidão, em uma espécie de ritual diário monótono e repetitivo.

Hoje, a velha e perigosa expressão "pegar em armas" se tornou a prática da extrema-direita e dos fascismos que avançam com a exacerbação da guerra ideológica. Apesar disso, é preciso lembrar que as armas mais poderosas são sempre as linguísticas, alicerces do sistema simbólico onde se estabelece e se mantém a dominação. O nível simbólico e o linguístico se entrelaçam como urdidura e trama. Assim como armas físicas funcionam como símbolos, símbolos são armas linguísticas que, na contramão da dominação simbólica, podem ser usadas para reverter a dominação, inclusive a dominação fascista em voga em nossa época. Portanto, as armas linguísticas têm o potencial de afetar o sistema simbólico, que, tomado pelo fascismo, é também destruído por ele. Destruir, no fascismo, é verbo intransitivo. O fascismo destrói – e tanto e indistintamente que destrói o outro e a si próprio. Por isso, seus críticos têm a impressão de irracionalidade, quando, na verdade, se trata de uma pura lógica em funcionamento e sem limites contra a linguagem.

A lógica interna do fascismo pode ser denominada de "estrutura desestruturante". Pierre Bourdieu usou as expressões "estrutura estruturante" e "estrutura estruturada"[13] para se referir aos sistemas simbólicos que organizam a sociedade. O fascismo é, pois, um dispositivo de corrosão do sistema que pretende se instaurar como sistema. Ele funciona na exploração de um paradoxo: a guerra contra a cultura é, ela mesma, cultural. A impressão de que

---

13 Pierre Bourdieu, "Sur le pouvoir symbolique", 1977, pp. 405-411.

o fascismo age contra o sistema deriva de seu ataque à linguagem. Seu paradoxo está em produzir um mundo destruído.

O neoliberalismo, que visa à destruição do Estado democrático e de bem-estar para a sustentação de um Estado rígido a serviço dos donos do poder, de produzir a morte pela guerra, pela fome e pelo desespero, tem no fascismo a sua forma estética e política. O Estado mínimo se torna um Estado máximo produzido pelos donos do capital e das classes exploradoras no neoliberalismo. A ideia do Estado mínimo é a quintessência do capitalismo. Ela serve como princípio articulador de mundo. Sendo a forma condensada e absoluta do Estado, o neoliberalismo é o fascismo em si mesmo, ou a coisa-em-si do fascismo, ele mesmo o mundo da morte organizado como ideologia.

A maldição antialteridade do sistema é contra a linguagem, que é berço da alteridade, mas que deve eliminar sua própria alteridade interna, presente pelo processo da imaginação. A imaginação é a abertura da linguagem. O extermínio do outro é antecipado na linguagem fechada e, portanto, morta em sua função ontológica mais simples. O extermínio do outro é, portanto, o extermínio do próprio sentido do qual derivam todos os outros sentidos e da própria possibilidade de produzir sentido, o que só se alcança na experiência da alteridade. A desestruturação deve funcionar como tecnologia antissimbólica, ou seja, como algo diabólico que ninguém está autorizado pelo sistema a ver como tal.

O REALISMO PATRIRRACIALCAPACITALISTA COMO INDÚSTRIA TERRORISTA DA DISTOPIA NATURALIZADA

Mark Fisher utilizou a expressão "realismo capitalista"[14] sinalizando para a ausência total de esperança em relação à superação do capitalismo. Em sua definição, o realismo capitalista é a sensação generalizada de que não apenas o capitalismo é

---

14 O movimento do realismo capitalista surgiu em Berlim nos anos 1960 e teve Sigmar Polke como um dos seus principais expoentes. O movimento satirizava o realismo socialista soviético e a *pop art* estadunidense, cujo intuito era a produção massificada da arte para o consumo.

o único sistema político e econômico viável, mas que se tornou impossível imaginar uma alternativa coerente com ele.[15] A famosa sentença de Margaret Thatcher[16] acerca da inexistência de alternativa ao sistema tornou-se o slogan do realismo capitalista de Fisher. Fisher partilha essa posição pessimista com teóricos como Slavoj Žižek e Fredric Jameson. A posição pessimista desses autores deve ser levada muito a sério, embora seja necessário também dizer que não se deve confundir pessimismo com ética. Uma estética do pessimismo precisa ser substituída por uma ética da imaginação política. O pessimismo

---

15 Mark Fisher, *Capitalist Realism: Is There No Alternative?*, 2009.
16 Na lógica do sistema, a ideia de que é possível um mundo melhor do que o conhecido deve ser impedida de avançar. Por isso mesmo, a velha frase de Margaret Thatcher – "*There is no alternative*" [Não há alternativa] – foi celebrada no cenário da globalização como um texto oficial. Ela foi o slogan do capitalismo neoliberal a deixar claro que não há espaço para mais nada e que não adianta pensar em alternativas. O sistema sacrificial não admite questionamento. O fato de Thatcher ser uma mulher apenas aciona a distopia sobre a qual o patriarca-pitalismo renova sua lógica falaciosa.

é a verdade que pede socorro à imaginação, e falaremos disso na segunda parte deste livro.

Analisando o filme *Filhos da esperança*,[17] Fisher percebe uma mudança na apresentação da distopia que o faz compreender o funcionamento do realismo capitalista. Segundo ele, antigamente, filmes e romances distópicos eram exercícios de imaginação. Os desastres serviam de pretexto narrativo para a emergência de outras formas de vida. Em *Filhos da esperança*, Fisher vê uma narrativa que parece projetar um horror conhecido. O autor se vê angustiado com a extrapolação ou exacerbação do mundo conhecido, no lugar de uma alternativa a esse mundo. A correspondência entre o "mundo cinematográfico" e o "mundo real" é motivo de perplexidade por representar uma mudança de paradigma sobre a percepção humana.

No filme, a continuidade entre os elementos próprios ao "ultra-autoritarismo" e ao "capital" se mostrou compatível. Fisher percebe a coexistência

---

17 Alfonso Cuarón, *Filhos da esperança*, 2006.

de "campos de concentração e cafés de franquia",[18] o que faz lembrar das pessoas que hoje posam em fotos – às vezes sensuais – diante dos portões de Auschwitz para colocar nas redes. Em *Filhos da esperança*, o espaço público é destruído e invadido pela natureza selvagem como em muitos outros filmes distópicos, mas Fisher comenta que ali tudo acontece em clima de convivência.

O autor vê nos neoliberais os realistas capitalistas por excelência. Na fajuta retórica do Estado mínimo, o sequestro do Estado para fins privados é evidente. No filme em questão, a naturalização do horror faz parte disso. Como diz Fisher, a catástrofe não está à espera, nem já aconteceu, mas, ao contrário, ela está sendo vivida e experimentada como se fizesse parte do cotidiano. Não há um momento específico em que ocorre o desastre, ele se torna contínuo e imemorial. O mundo vai se desfazendo gradualmente, e um estranho conformismo toma conta de tudo.

---
18 Mark Fisher, *op. cit.*, p. 2.

Se, por um lado, o cinema mostra a realidade permitindo a crítica, por outro, na ausência de pensamento reflexivo capaz de levar a cabo a crítica, a realidade como horror é normalizada. Fisher tem razão em suas observações. Ele sabe que o sistema caracterizado pela estético-política do realismo capitalista deseja que ninguém, inclusive seus críticos, incomode. Que todos trabalhem para a manutenção do sistema sem perturbar a ordem. Os insatisfeitos podem continuar gritando, pois irão se conformar na prática e, por fim, morrer como todo mundo.

No que chamamos de realismo patrirracialcapacitalista, a catástrofe é fomentada, e a estética da violência define a realidade. Ao mesmo tempo, a indústria audiovisual surge como populismo estético, no qual os estilos que escapam da dominação da indústria cultural são tratados como inimigos, enquanto o "povo" – ou seja, espectadores que compõem massas sem reflexão – é adulado com entretenimento e produtos mentais e cognitivos fáceis e excitantes, pois todo desafio intelectual deve ser eliminado. O populismo estético vem aniquilando a capacidade de pensar e de sentir das populações, mas também a capacidade de perceber. As empresas de cinema e audiovisual vendem narrativas distópicas como nonsense estetizado para o consumo de massas anestesiadas que conseguem ver no horror espelhado nada mais do que mero entretenimento. O sistema oferece a idolatria, cujos ídolos são igualmente instrumentalizados, enquanto adula o adorador, a quem é permitido adorar um ídolo. Forma-se um círculo vicioso em que não se permite outra forma de vida fora da obediência à indústria cultural.

O que o realismo capitalista vende é a ideia de que a crítica não passa de amolação, pois a "realidade" não pode ser modificada, que a luta não passa de barulho, pois ela é inútil. Diante do pressuposto de que não há alternativa, não deve haver luta capaz de produzir saídas que desestruturem o sistema da desestruturação estruturante. Construir alternativas a um mundo em demolição permanente não é permitido. O sistema lucra porque, segundo o programa de pensamento pronto que ele é, não havendo luta, certamente não haverá alternativa. A alternativa deve ser extirpada do desejo pessoal e coletivo junto a toda esperança.

A manutenção do realismo capitalista depende da falta de contraponto e da ausência da diferença, da falta de teorias alternativas, de gestos, ações e movimentos contestadores. A sustentação do conformismo e do desespero, efeitos naturais do sistema, são essenciais. Eles devem ser garantidos para a reprodução do sistema no seu eterno convite ao gozo perverso, ou seja, à satisfação de se viver num mundo sem sentido e sem responsabilidade com esse mesmo mundo e com toda a alteridade nele existente. A atmosfera psiconarrativa do mundo cria distopias. Todas revelam a economia-estética da catástrofe no âmbito da normalização e da naturalização.

A catástrofe é a meta que o capitalismo impõe e da qual se alimenta, como quem produzisse um mundo morto – um mundo coisificado – para poder se aproveitar de seu cadáver para sempre. É nesse sentido que o capitalismo é necropolítico. Tudo o que se pensa, se sente ou se faz deve visar à destruição de um mundo alternativo. Deve aspirar à substituição ou construção do mundo a ser codificado pelo capital. O que podemos chamar de código distópico implica uma estética e uma ética, uma materialidade e uma metafísica. Ele entra em ação na forma de um *looping*, de um circuito infinito e repetitivo a ser garantido por cada corpo humano, seja ele opressor ou oprimido. O que Adorno chamou de "vida danificada" não é um efeito fortuito de uma sociedade que perdeu seu rumo por acaso, mas um projeto racional. Trata-se de uma forma elaborada linguisticamente com contornos de mundo, ou seja, traços estruturantes de um sistema organizado na linguagem – e que precisa ser contestado na prática linguística – que afetam toda a produção do que somos e do que fazemos.

Longe de ser uma gratuidade retórica ou um acaso formal na produção do mundo, a catástrofe difundida tem dois lados: de um, ela expõe a energia psíquica em voga; de outro, é a forma estética da ideologia política do capitalismo em sua configuração neoliberal. A catástrofe está inscrita no projeto da mundialização capitalista. Ela deve parecer ficção para sugerir que a realidade é outra. O efeito de espelhamento é negativo, e assim deve continuar.

A indústria cultural dos filmes de terror cria o pânico recreativo como forma-mercadoria do pânico real e vende tantos ingressos de cinema e assinaturas de televisão quanto antidepressivos. A catástrofe se contrapõe à utopia e, assim como esta, é uma categoria "efeitual" ou performativa, no sentido de causar efeitos concretos na mentalidade e na ação das pessoas.

O fascismo acoplado ao neoliberalismo depende da catástrofe e se apresenta como distopia realizada. Isso explica o investimento fascista no âmbito estético – procedimento que o fascismo, em seu momento inicial e imaturo, puramente capitalista, já exercia com maestria para controle de sua forma e seu enrijecimento. O fundamento místico da autoridade, no neoliberalismo e no fascismo, sempre foi estético. Ele corresponde à "catastrofização" ou à "flagelização" do mundo ocultadas sob a mística da globalização, assim como a estética do extermínio é a estética da frieza que serve de pano de fundo para a matança.

O terrorismo do PRCC é estético, e a estética do PRCC é terrorista. A economia-política da catástrofe corresponde à estética da catástrofe. Ela é o revestimento do mundo no qual o princípio decorativo está em vigência. A configuração distópica precisa causar medo e estressar o aparelho sensorial tornando o organismo insensível. A função da tortura é abalar sem matar. Quem sobrevive não se torna mais forte, quando muito, mais duro e rígido. Vitimados pelo terrorismo estético, ninguém mais sente a dor do outro. Nem a própria. Esvaziada, a subjetividade dá lugar a um corpo material que perambula pelos shoppings como um espectro.

As violências econômica e estética vêm a ser o principal *input* da reprodutibilidade e da repetição da lógica do sistema. O horror é administrado em doses, como choques em uma tortura. Entre o horror catastrófico e horrores aparentemente mais amenos, entre o horror cinematográfico e o televisivo, entre a ficção e a realidade, há uma continuidade. Se pensarmos em termos de violência simbólica, podemos dizer que ela é gradualmente aplicada de modo a "equilibrar" os níveis em escalas suportáveis, como acontece na tortura.

A estética da violência também se apresenta como violência estética, uma violência que age sobre nosso aparelho sensorial, sobre nossos corpos. A esfera estética da vida assume uma forma assediadora e aterrorizante à qual todos devem se adequar: corpos artificiais, roupas, maquiagens para transformar cada indivíduo em um boneco de plástico, em uma marionete que deverá repetir as falas de seu manipulador, em um processo de ventriloquacidade generalizada.

A mercadoria-mundo e o mundo das mercadorias implicam a destruição de todas as coisas e dos mundos possíveis, inclusive da ideia de um mundo natural, que deve ser completamente substituído pela pura e simples artificialidade. Ao mesmo tempo, se cria uma indústria em que o "mundo natural" é a mercadoria, assim como o corpo e seus órgãos.[19] Das roupas ao sexo, da alimentação ao turismo, da

---

19 Paul B. Preciado, "Multitudes queer: Notes pour une politiques des 'anormaux'", 2003, pp. 17-25.

meditação à política, tudo recebe os revestimentos estéticos do capitalismo. Ele opera como ordem do cotidiano em termos biopolíticos (o cálculo que o poder faz sobre a vida), anatomopolíticos (o cálculo que o poder faz sobre os corpos)[20] e psicopolíticos (o cálculo que o poder faz sobre o que se pensa e o que se sente). Podemos também considerar que se trata de um cálculo do poder sobre a própria linguagem. A vida de cada um já está programada pelo código distópico anatomopolítico. O potencial da utopia como esfera do sonho é descartado no contexto da discursividade pré-programada. A utopia é a forma linguística que deveria fazer frente ao atual estado em que a linguagem também é objeto de consumismo.[21]

---

20 Michel Foucault, *Microfísica do poder*, 2021.
21 Em *Como conversar com um fascista* (2015), *Ridículo político: uma investigação sobre o risível, a manipulação da imagem e o esteticamente correto* (2017), *Delírio do poder: psicopoder e loucura coletiva na era da desinformação* (2019) e *Como derrotar o turbotecnomachonazifascismo ou seja lá o nome que se queira dar ao mal que devemos superar* (2020), utilizei o conceito de "consumismo da linguagem" para expressar o estado de mercantilização e monetização da linguagem em nossa época. A linguagem é uma arma de manipulação, ao

Mas, no momento em que ela mesma é transformada em mercadoria, o que se pode fazer senão tentar resgatá-la do seu aprisionamento?

A destruição nas mais diversas escalas transforma-se em um método, mas também em produto na forma da cena exposta. Como método, a destruição (provocada ou natural) visa a dar espaço a novas mercadorias. Tudo o que é destruído pode ser substituído por mercadorias novas que venham compensar as perdas. A destruição – método e produto – é um grande negócio. Uma nova forma de realização é o que aparece com o surgimento da mercadoria compensatória. Esse circuito provoca um novo gozo das coisas prontas, das imediatidades, que recompensam um corpo e um psiquismo cansado de esforçar-se pela sobrevivência. O gozo das ideias prontas é dado às massas que, aduladas por líderes publicitários e políticos na aliança que configura a indústria cultural da política, atacam a reflexão e o pensamento crítico.

---

mesmo tempo, ela é a própria forma-mercadoria ao alcance de todos nas redes sociais. Esse "bem" nunca esteve tão disponível e a preço tão baixo para o gozo das gentes.

PARTE 1

CÓDIGOS DISTÓPICOS

CARCERI: NO ESPELHO DAS PRISÕES DISTÓPICAS

Le Carceri d'invenzione é um conjunto de dezesseis pranchas gravadas por Giovanni Battista Piranesi entre 1750 e 1780. As gravuras mostram imagens inquietantes que desafiam a perspectiva tradicional, à qual o olho humano se acostumou ao longo dos séculos. Na confusão trevosa, paredes e abóbadas sufocantes enquadram escadarias e corredores que levam a lugar nenhum. Escadas espiraladas entre pontes rompidas, escombros e ruínas escondem corpos torturados para os quais não há qualquer saída.

Marguerite Yourcenar[1] percebeu nelas o espírito de um tempo atormentado, apresentado pela habilidade do artista em panoramas esmagadores que não deixam nenhuma linha de esperança para seus personagens espectrais ou para quem, na condição de espectador, observa abismado de baixo para cima. Grilhões e forcas abandonadas entre focos de luz e sombras desencontradas promovem a sensação de confusão mental. Quem entrasse nesse inferno nunca sairia dali.

Olhar para essas prisões imaginárias causa espanto ainda hoje. Se elas são um mundo à parte ou um retrato do mundo comum, é difícil afirmar. Seja a construção da destruição, a arquitetura da ruína, o caminho que leva a lugar nenhum ou a perspectiva sem ponto de fuga, o que vemos são alegorias do paradoxo que nos fazem saber que já não se pode confiar na ordem. A razoabilidade vem sendo dilacerada pelo assombro.

---

[1] Marguerite Yourcenar, *Le Cerveau noir de Piranèse: les prisons imaginaires*, 2016.

Embora sejam espelhos da alma e do mundo do final do século XVIII, as imagens dos *Carceri* dialogam com o clima cultural e existencial do nosso mundo. Vivemos hoje a mesma experiência afetiva e sentimental daqueles tempos de obscurantismo, opressão e desespero. As condições históricas mudaram, mudaram as tecnologias de produção e distribuição da linguagem; a própria arte superou a representação da realidade, mas o conteúdo mental e afetivo que preside a história como um miasma continua o mesmo.

Nossa época é habitada por criações audiovisuais carregadas de pesadelos. As imagens sobrevivem, como diria Aby Warburg,[2] porque conteúdos psíquicos recalcados as fazem eclodir. Imagens são sintomas. Isso quer dizer que sentimentos assumem formas ou que formas carregam sentimentos que, não podendo ser imediatamente traduzidos conceitual e discursivamente, se transformam em ima-

---

2 Aby Warburg, *Histórias de fantasma para gente grande. Escritos, esboços e conferências*, 2015.

gens. Os *Carceri* falam de tortura condensando a imagem de um mundo torturante. Theodor Adorno chamou de "vida danificada" a vida que já não pode ser vivida, tal como parece ser a proposta do mundo atormentador dos *Carceri*.

Estamos aprisionados no mundo das imagens. A época "imagofílica" tornou-se também "iconodêmica", ou seja, uma época contaminada por uma profusão incontável de imagens que tomam o mundo sem que possam ser digeridas. As imagens sufocam. Não digerimos as imagens, como também não digerimos as emoções e os afetos que as provocam. O mal-estar é efeito da era iconodêmica. As imagens se oferecem como espelhos e, ao mesmo tempo, configurações do mundo. Elas vêm a constituir um mundo e, administradas, podem fazer parecer que não há outros mundos possíveis. Na era do que Guy Debord chamou de "sociedade do espetáculo",[3] as imagens não são produzidas para serem compreendidas. Ao contrário, elas estão aí para impactar e, assim, domi-

---

3 Guy Debord, *A sociedade do espetáculo*, 2004.

nar a percepção. Nossa sociedade está embriagada por imagens que se impõem constrangendo a percepção, definindo o campo da cognição possível.

Nesse sentido, certamente Wittgenstein tem razão ao dizer que os limites do meu mundo são os limites da linguagem, mas é preciso repetir que a linguagem é também feita de imagens. Tendemos a naturalizar as imagens como se elas fossem o real e tratar a linguagem verbal como linguagem propriamente dita, quando palavras e imagens vêm da mesma fonte e se dirigem para o mesmo lugar: a nossa percepção. Os limites do meu mundo são, portanto, limites das imagens sempre controladas por esquemas prévios. Se o espetáculo tenta dominá-las e transformá-las em mercadorias, as artes tentam expandir o mundo ampliando a nossa relação com as imagens e seus contextos, eles mesmos desenhados na forma de imagens que vêm a constituir o design do mundo.

O *páthos* das imagens atinge a percepção de cada pessoa, criando um universo de corpos perplexos sob um miasma espectral, imagético e visual-viral, constantemente desprovido de qualquer função que não seja reproduzir a contaminação virótico-visual. A indústria cultural audiovisual e digital produz lixo iconográfico e discursivo que deve intoxicar e viciar corpos-mentes. Trata-se de uma cultura com alta concentração de toxicidade que afeta a subjetividade anatomopoliticamente, ou seja, no corpo de cada um. É a "teofisiologia" de nossas vidas – saber que somos um corpo que crê no que percebe – que é alvo de um jogo de poder no qual os corpos são meras peças permutáveis.

Os estados angustiados e depressivos de nossa época não são uma abstração, nem simplesmente um sintoma particular ou coletivo, mas indicam o design da subjetividade previamente programado e codificado nesse jogo de poder sobre corpos individuais adulados e oprimidos conforme as necessidades do sistema. Isso quer dizer que somos corpos moldados o tempo todo por um mundo de imagens e palavras que obedecem ao mesmo estatuto.

A profusão de imagens por si só propicia a perplexidade como um estado coletivo, mas a profusão de imagens de violência gera estupor nos indivíduos.

A perplexidade tem um alcance curto, mas o estupor pode durar uma vida inteira. O estupor, no qual o sistema aprisiona os corpos programando-os para funcionarem conforme as regras da distopia capitalista, causa a morte da imaginação. A sensação de pesadelo é compartilhada pelos corpos-mentes esvaziados.

É urgente debelar o estupor, o que acontecerá se desmontarmos as condições que nos levaram a tais lugares mentais e materiais aprisionantes. Em nossa época digital, essas condições são também informacionais.

A imaginação é a única força capaz de nos fazer avançar, apesar do espelho do medo a nos seduzir dirigindo nossos corpos num jogo em que a autoimagem e a imagem do mundo estão distorcidas.

O amálgama entre patriarcado, racismo, capitalismo e capacitismo, que recebe o nome de patrirracialcapacitalismo, é uma prisão imaginária que devora a forma de imaginação capaz de propor caminhos libertadores. A tortura mental ou física, em gradações diversas, é o método de convencimento imposto dentro da grande bolha que se convencionou tratar como realidade.

O PATRIRRACIALCAPACITALISMO A SER SUPERADO

A expressão "patrirracialcapacitalismo" pode ser abreviada com a sigla PRCC para marcar o caráter de facção criminosa que constitui essa frente de opressão articulada e naturalizada. Falar em PRCC é falar nas estruturas elementares da violência[4] e, necessariamente, de fabricação do crime, considerando que as leis e normas que regem esse sistema são o próprio crime organizado numa estrutura oligárquica em que se calcula o extermínio dos diferentes. O jogo do sis-

---

4 Rita Laura Segato, *Las estructuras elementares de la violencia: ensayos sobre género entre la antropología, el psicoanálisis y los derechos humanos*, 2003.

tema implica o extermínio dos que não se encaixam em seus parâmetros de funcionamento, dos que desejam mudanças. E, no extremo, a morte de muitos, até mesmo da maioria, é o objetivo no processo de extinção programada pelo sistema. Por isso, a matabilidade e a ameaçabilidade são ideias e práticas comuns. Se quisermos sobreviver diante do projeto de matança, devemos mudar o sistema, ou seja, as condições sob as quais se programa a nossa própria morte.

PRCC poderia ser também nome de veneno, de agrotóxico, de uma substância nociva qualquer apresentada como se fosse remédio. Assim como foi feito com o cigarro por publicitários que inventaram um astucioso *friendly agreement*[5] em relação ao que não se deseja ter ou fazer, criando o que Noam Chomsky e Edward Herman chamaram de fabricação do consentimento,[6] o PRCC se impõe como

---

5 É o caso do famoso sobrinho de Freud, Edward Bernays, autor do livro *Propaganda: comment manipuler l'opinion en démocratie*.
6 Edward Herman, Noam Chomsky, *Manufacturing Consent: The Political Economy of The Mass Media*, 1988.

forma do mundo no qual a destruição foi naturalizada e vista como única forma de vida possível, ou seja, uma não vida. Não se trata mais de lutar contra uma mera ideologia. A mentira, a enganação e a violência servem ao poder de classes sociais que transformaram em privilégio seu gênero, sua raça, sua concepção de mundo ou o que estamos definindo como design de mundo. Trata-se de lutar contra um projeto de assassinato e extermínio que se disfarça como projeto democrático e econômico único ao imperar uma divisão entre poderosos e sem poder que transforma todos em algozes ou vítimas. Aquilo que Hegel chamou de "dialética do senhor e do escravo" no século XIX transformou-se num jogo sadomasoquista entre algozes e vítimas.

O cruzamento do horror das vítimas e do regozijo dos algozes define o sadomasoquismo do sistema. A adulação é o mecanismo que escamoteia a verdadeira intenção dos algozes. Eles buscam consentimento enquanto praticam a violência contra corpos e territórios para garantir a submissão sem a qual o sistema já teria deixado de existir. Adulados, ou seja, acreditando que foram contemplados em suas necessidades e prazeres, os indivíduos se entregam ao jogo anatomopolítico do PRCC, no qual cada corpo é calculado, usado ou descartado conforme o programa.

Para a manutenção do sistema, os indivíduos devem ser classificados, ou seja, calculados segundo tipos. A classificação serve para criar a norma "científica" e "moral" que garantirá que ninguém saia do lugar que ocupa. Cada um deve "ficar no seu lugar", ou "ficar no seu quadrado". Sair do lugar previamente designado altera o jogo. O sistema não resiste sem a ordem que impôs aos corpos num procedimento anatomopolítico, em que o corpo vivo é tratado como plástico e moldável.

A classificação é, por si só, uma marcação. Assim, o pobre deve introjetar sua pobreza e ater-se a ela em sua forma de ser, assim como mulheres, negros e todos os que são marcados no sistema devem se ater aos marcadores que estipulam o que devem ser. Esses marcadores são sempre estéticos. Isso quer dizer que não basta ser classificado, é preciso introjetar e servir mental e afetivamente à classificação. É preciso ter fé no sistema e ajudar a conservá-lo, mas também "performar" segundo as regras do teatro geral. Ou seja, o sistema capitalista é um sistema de crenças como qualquer sistema simbólico. Um sistema simbólico se torna sistema de crenças ao calcular obsessiva e ritualmente sobre cada corpo e cada gesto, tornando-se, ele mesmo, um sistema ritual.

Estamos falando de "chaves" num campo programado a que, ingenuamente, chamamos de vida. O PRCC é um sistema simbólico e material, mas ele só funciona se implanta as chaves psicotecnológicas nos corpos por meio da percepção, campo a ser colonizado pela oferta de sensações[7] e da administração do sentimento de gosto. O sistema se implanta como um pen drive nos corpos disponíveis. É um verdadeiro chip linguístico cujo aparelho, ou dispositivo, são as telas – sejam de televisões, sejam de computadores

---

7 Christoph Türcke, *Sociedade excitada: filosofia da sensação*, 2010.

ou de celulares –, que se tornam próteses de conhecimento,[8] ou seja, órgãos exteriores ao corpo humano que, no devir ciborgue da sociedade humana, fazem a função de um novo órgão.

Mercadorias, que funcionam como substâncias estupefacientes, agem como se injetassem dados cognitivos artificialmente de fora para dentro de nossos corpos, atacando diretamente a percepção.[9] São os corpos que o sistema visa a controlar oferecendo mercadorias e diversão, trabalho e sofrimento, para mantê-los funcionando conforme as necessidades do seu mecanismo.

A doutrinação religiosa e ideológica que caracteriza o PRCC visa à sustentação do nonsense como se ele fosse o sentido, assim como da destruição como se ela fosse construção. Daí o valor da catástrofe e da distopia apresentadas como "o melhor mundo possível", e o ódio à reflexão crítica tratada como

---

8 Marcia Tiburi, *Olho de vidro: a televisão e o estado de exceção da imagem*, 2011.
9 Marcia Tiburi, Andréa Costa Dias, *Sociedade fissurada: para pensar as drogas e a banalidade do vício*, 2012.

loucura no contexto de um eterno elogio da desqualificação. A inversão do sentido dá o tom de um mundo de cabeça para baixo. É todo um sistema de simulação a ser vivida como realidade, de mentira a ser aceita como verdade, no qual a vida real deve ser vivida como uma ficção em que se imita um roteiro previamente estabelecido.

Movido por seus agentes sacerdotais, o sistema delirante que é o PRCC encarcera corpos para seus próprios fins. Contudo, não é possível sustentar o aprisionamento desses corpos a serviço do sistema sem que se encerrem também as ideias, privando o espírito de alcançá-las ou de lidar livremente com elas. É isso que tem sido feito com a ideia de mundo que este livro busca ajudar a liberar, o que só acontecerá se liberarmos a imaginação e o impulso à utopia que dela faz parte.

Enfrentar a guerra linguística em curso contra a imaginação política e, assim, contra o mundo e a subjetividade humana é uma das mais importantes tarefas intelectuais a que uma guerrilha conceitual deve se dedicar em nossa época. A superação do projeto catastrófico e antivida que constitui o sistema PRCC beneficia-se desse enfrentamento.

Desde seu surgimento, entre os séculos XV e XVI, o capitalismo vem demonstrando ser a especialização do arcaico sistema patriarcal. O conceito de "patriarcapitalismo"[10] organiza a combinação que divide o mundo do trabalho privilegiando homens em detrimento das mulheres. Contudo, não se trata apenas de trabalho no sistema do capital rentista. Se patriarcado e capitalismo são codificações que, associadas, organizam o metabolismo da destruição e da autodestruição do sistema, as ideologias racistas e capacitistas vêm fazer parte disso na era anatomopolítica. Elas emergem como elementos constitutivos da matabilidade e da ameaçabilidade próprias ao sistema capitalista, ele mesmo uma reação patriarcal

---

10 Pauline Grosjean escreveu um livro intitulado *Patriarcapitalisme: En finir avec les inégalités femmes-hommes*. Numa abordagem cultural-econômica, a autora define o patriarcapitalismo como um sistema no qual as normas culturais são o produto, a matriz e a justificação das desigualdades econômicas entre mulheres e homens.

às lutas camponesas da chamada Idade Média.[11] Por isso, é preciso acrescentar esses aspectos à palavra criando a formação teratológica "patrirracialcapacitalismo". Corpos dissidentes, apesar de toda a insubmissão e resistência que eles possam produzir, são capturados no processo celular que visa ao todo e que precisaria ser interrompido com urgência para salvar vidas que minuto a minuto são aniquiladas. O fascismo atual é a hiperespecialização desse enlace e o que chamo de PRCC resume o seu jogo.

O PRCC é o sistema como contexto simbolicamente organizado contra a vida. Utopia é o seu contraponto como desejo de libertação, como "consciência do possível".[12] Do mesmo modo, a teoria sobre a libertação do sistema já é a utopia que se antecipa.

É preciso projetar a transformação do mundo para além da criação de zonas autônomas tempo-

---

11 Silvia Federici, *Calibã e a bruxa: mulheres, corpo e acumulação primitiva*, 2021.
12 Theodor Adorno, *Dialética negativa*, 2009, p. 56.

rárias, das utopias transgressivas distópicas[13] que surgem há décadas na literatura feminista para criticar o machismo ou dos espaços heterotópicos[14] que permitem respirar dentro do sistema. O que ainda podemos chamar de "transformação do mundo" deve ser orientado em uma direção cosmopoliticamente saudável, habitável por todas as espécies, na qual o próprio corpo do planeta seja protegido do inimigo planetário[15] que é o PRCC. No caminho para chegar a uma perspectiva transformadora, é preciso compreender a interiorização subjetiva naturalizada para desmontar o seu funcionamento.

---

13 Dunja M. Mohr, "Transgressive Utopian Dystopias: The Postmodern Reappearance of Utopia in the Disguise of Dystopia", 2007, pp. 5-24.
14 Michel Foucault, "Des espaces autres, Hétérotopies", 1984, pp. 46-49.
15 Michael Löwy, "Negatividad y utopía del movimiento altermundista", 2007, pp. 43-47.

MUNDO COMO IDEIA MATRIZ
ONDE SER É ESTAR SITUADO

Entre todas as ideias lançadas em cela solitária nos cativeiros camuflados do sistema, onde inexiste qualquer abertura, há uma ideia matriz, fundamental para a organização de todas as demais e do campo inteiro da linguagem humana (organizada como pensamento e gesto, linguagem e ação, teoria e prática). Trata-se da ideia de "mundo", significante que visa a representar o universal promovendo a compreensão da experiência de mundo. Como significante, "mundo" foi capturado na rede retórica do poder. A posse do significante mundo é fundamental para a sustentação do sistema PRCC, que usa a máquina de produção linguística nesse processo. Os agentes do PRCC, sob a camuflagem do selo "neoliberal", sempre souberam disso.[16]

Quem domina a ideia de mundo, quem diz o que é "o mundo", torna-se seu senhor. Descartes sabia disso quando deixou de publicar a obra *O mundo ou tratado da luz* em 1633, evitando ser perseguido pela Igreja como tinha acontecido com Galileu. O filósofo francês falava de uma "fábula do mundo"[17] para explicar a diferença entre um mundo seu, ou seja, um particularizado, e um mundo além de si, "em comum", partilhado por todos como universal. Descartes usou a "fábula" como estratégia de ocultamento de suas ideias reais sobre o mecanicismo

---

16 As palavras de Milton Friedman são explícitas nesse caso: "Quando a crise acontece, as ações que são tomadas dependem das ideias que estão à disposição. Esta, eu acredito, é a nossa função primordial: desenvolver alternativas às políticas existentes, mantê-las em evidência e acessíveis até que o politicamente impossível se torne o politicamente inevitável." Milton Friedman *apud* Naomi Klein, *A doutrina do choque: a ascensão do capitalismo de desastre*, 2008, p. 16.
17 Jean-Pierre Cavaillé, *Descartes: a fábula do mundo*, 1991.

que não seria aceito pela Igreja da época, assim como, mais tarde, ocorreu com o conceito de darwinismo. A estratégia de Descartes nasce no contexto do ceticismo, do barroco e de toda uma especulação sobre a dúvida e a enganação na era do *trompe-l'oeil* [ilusão de ótica], da teatralidade, do desprezo e do culto à aparência. Ora, o que o sistema PRCC faz também tem algo de barroco, e, não por acaso, Descartes está nos seus fundamentos teóricos.[18] Nele, uma fabulação particular (o capital e o mercado) é transformada em algo universal, assim como a Igreja fez um dia com a ideia de um mundo criado por Deus, condenando aqueles que ousavam ir na contramão. A enganação, a dissimulação, a teatralidade são partes essenciais desse sistema codificado.

A ideia de mundo, experimentada por muita gente como a vaga noção de que habitamos algum lugar, é uma ideia matriz. Uma ideia matriz não somente permite situar outras ideias, objetos e fatos,

---

18 Carolyn Merchant, *The Death of Nature: Women, Ecology, and the Scientific Revolution*, 2019.

mas também situar a subjetividade como universo linguístico em aberto e até o sujeito do conhecimento e da sensibilidade – ou sujeito da cognição –, capaz de perceber um mundo. Isso quer dizer que mundo não é apenas uma ideia, mas o conjunto dos acontecimentos, fatos e coisas – sujeitos e objetos – que estão sob o nome do significante mundo dentro do qual nós mesmos somos colocados nas operações simbólicas, que são operações linguísticas.

A ideia de mundo é psicopoliticamente estratégica. Todas as pessoas estão concernidas a ela. Não há como viver no mundo sem uma determinada ideia de mundo, o que, no senso comum, muitas vezes é definida como "visão de mundo". Tal ideia é fabricada no sistema de produção da linguagem para ser introjetada por cada indivíduo. Max Weber falava de uma seleção econômica que gerava os sujeitos econômicos, empresários e operários, de que o sistema capitalista necessitava.[19] De fato,

---

19 Max Weber, *A ética protestante e o espírito do capitalismo*, 2004, p. 48.

no contexto da mesma seleção econômica, surge a seleção sexual e de gênero, bem como a seleção racial ou relativa ao cálculo das capacidades físicas, que gerou a face capacitista do sistema. Além disso, o PRCC gera os sujeitos e os corpos de que precisa para sobreviver enquanto extermina os excedentes e inúteis, mas para isso precisa gerar uma ideia de mundo.

Ideia, ou significante matriz, de mundo é aquilo que tem a qualidade do universal capaz de organizar o campo dos significantes em geral. Falar em mundo é falar não somente em cosmos, em ordem, em universo, em contorno e limite, em continente e ambiente, mas também na multiplicidade de mundos. Enquanto "cosmos", mundo existe por oposição ao "caos", à confusão e à desordem. Mundos são construídos e destruídos, mas o dispositivo do mundo permanece por oposição à inexistência, ao nada. O sistema PRCC administra a ordem com o objetivo de sustentar o poder e o desenho do mundo com o qual o próprio sistema se confunde.

A compreensibilidade como fator de reconhecimento do mundo é o princípio que articula o mundo instaurado, o mundo dado, o mundo que pode ser reconhecido como algo que pode ser representado. A própria ideia de mundo – o que Husserl entendia por *Lebenswelt* ou "mundo da vida" – se confunde com os limites da linguagem, como em Wittgenstein.[20] A decisão é sobre o poder de representar um mundo, de dizer o que ele é ou de inventá-lo, tendo em vista que, ao nascer, já habitamos um mundo.[21] A ideia de mundo se confunde com sua compreensibilidade e com o reconhecimento daquilo que pressupõe ser tal ideia. Em termos muitos simples: não há mundo sem uma pressuposta ideia de mundo. Schopenhauer construiu uma noção de mundo como vontade e

---

20 Ludwig Wittgenstein, *Tractatus Logico-Philosophicus*, 1994.
21 No campo da hermenêutica filosófica e da fenomenologia (Dilthey, Husserl, Gadamer, Heidegger e outros), os pensadores pressupõem o mundo como uma experiência de mundo, como fundamento e contorno de toda experiência possível. *Ver* Hans-Georg Gadamer, *Verdade e método: traços fundamentais de uma hermenêutica filosófica*, 1999.

como representação.[22] O primeiro refere-se a um mundo vivo, da natureza, do qual o conceito de "vontade" seria o operador; o outro, a um mundo da linguagem como representação. Este, na sua condição de representabilidade, seria o único que poderíamos de fato conhecer. Na esteira de Kant, para quem só se pode conhecer os fenômenos ou conhecer o próprio conhecimento, e embora não tivesse preocupações políticas, Schopenhauer ajuda a compreender que a representação do mundo é o único acesso que se pode ter ao mundo. A representação do mundo faz parte das representações em geral, e, como nenhuma representação está desligada de jogos de poder, o mundo também participa desse jogo como objeto na ordem do discurso.[23]

A qualidade englobante da ideia do mundo é o que permite acreditar em algo como um mundo existente. Não fossem as ideias – e os conceitos e

---

[22] Arthur Schopenhauer, *O mundo como vontade e representação*, 2007.
[23] Michel Foucault, *A ordem do discurso*, 1999.

categorias que organizam o mundo –, viveríamos afundados no imediato ou, quem sabe, numa alucinação. O sistema de opressão se vale do princípio do caos, que dá a tudo um ar de alucinação, para simular uma ordem. A opressão é sempre sobre os corpos – individuais e coletivos – que participam dessa ordem que é simulada, mas precisa esconder sua simulação. A opressão sobre os corpos é também o princípio da organização simulada que estabelece o que chamamos de mundo. O jogo da simulação não é apenas parte do mundo virtual, da internet, mas já acontece no mundo que consideraríamos "real". Mundos são simulações. Seja mundo no singular, como horizonte de compreensão, ou mundos diversos, no plural, trata-se de ideias ou representações que situam experiências possíveis e, desse modo, corpos e vidas. O círculo hermenêutico se arma dentro de limites que correspondem a uma linha de contorno estável, mas, ao mesmo tempo, de possível intersecção com outros mundos.

No jogo de dominação do mundo, imagens, discursos e conceitos são usados num processo de configuração. Se pensamos no mundo como mercado, vemos que o próprio mundo foi transformado em mercadoria. A ideia de mundo nunca foi livre e não o será no mercado – este um sistema não livre. Se o mundo foi reduzido a mercado (e a submercados), onde mercadorias são criadas e expostas ao infinito, também o mundo é uma mercadoria no âmbito da mercadoria que se torna mundo. O próprio mundo é rebaixado a mercadoria, porque a mercadoria é o fator que o organiza. Essa configuração sempre se estabelece como jogo de linguagem que seduz e alicia participantes. O mercado precisa dos corpos e de uma ideia fabulosa à qual esses corpos estejam submetidos, assim como o patriarcado precisa de mulheres e a escravidão precisa de corpos para escravizar. Do mesmo modo, uma ideia precisa de reconhecimento, assim como uma forma precisa de uma percepção que a sustente. Garantida a posse da ideia de mundo, pode-se controlar o sistema simbólico e, desse modo, controlar os corpos (como carne e linguagem engajada na esfera da produção do sentido).

Somos organismos "teofisiológicos", somos carne-linguagem, somos entes perceptivos contidos dentro de uma ideia geral baseada em espaço e tempo, geografia e história. Somos entes situados somática, geográfica e historicamente. As antigas imagens alquímicas do ser humano como "microcosmo" contido dentro de um "macrocosmo" estabelecem o nexo entre o particular e o geral, um corpo e a situação na qual se encontra. Tal é a função da ideia de mundo, no qual ser é estar situado. Todo ser precisa de situação, e a dominação incide sobre esse lugar que um ser ocupa como corpo no mundo. O que chamo de "situação" é um fato que pode ser compreendido em sentido teológico e metafísico, em termos geográficos e geopolíticos. Não existe sujeito do pensamento ou da ação fora da situação em que ele se encontra. Logo, a estratégia do PRCC é "de-situar" os indivíduos de si mesmos e "re-situar" seus corpos num tabuleiro previamente programado para que cada peça consiga funcionar conforme regras estipuladas, sem que se permita olhar para fora dele. Esse tabuleiro é justamente o que se pode chamar de "mundo".

Mundo é uma ideia celular, uma espécie de dispositivo ontológico e existencial que produz a noção do todo na qual os corpos estão contidos. Essa ideia deverá ser interiorizada pelas subjetividades na produção simbólica de um corpo individual apto a servir ao sistema. É nesse sentido que podemos compreender a relação do microcosmo engajado no macrocosmo. A linguagem é organizada como um jogo em que ideias, conceitos, linhas, traços, pontos, planos, tudo se confunde, articulando um cenário mental e transcendental chamado mundo. Nesse sentido, mundo é o contorno do caos que dá a impressão de uma ordem articulada.

As teorias da linguagem tentam criar códigos de interpretação do mundo enquanto funcionam dentro do mundo. Elas atuam sempre pressupondo uma ideia de mundo, uma certa noção de limite onde tudo está contido, onde se dá a experiência possível. Se de um lado a ideia de mundo funciona como *chip* ou *token* aplicado aos corpos convocados para fazer parte das massas, de outro, mundo é o próprio horizonte a partir do qual todas as ideias e conceitos surgem e são colocados em perspectiva.

Uma complexa e rígida criptografia, cujas chaves são desconhecidas pelas massas, organiza a transmissão dessa informação que permite sustentar sistemas que se colocam como mundo, tal como é o PRCC.

O MUNDO COMO ALTERIDADE INDEDUTÍVEL NO HORIZONTE DA COMPLEXIDADE E DA COMPREENSIBILIDADE

Um mundo é uma combinação lógica de fatores materiais e simbólicos. De fato, mundo é algo que se experimenta como sistema de referência, ou seja, tendo a cognoscibilidade como critério. Contudo, quem começa a pensar no mundo, saindo da imediatidade da aceitação e investindo no questionamento, terá a impressão do desconhecido dentro do conhecido. Em um sentido socrático, quanto mais conhecemos, menos conhecemos. Essa impressão que lança o investigador no paradoxo do conhecimento é reforçada pelo fato de que a lógica do mundo é estética, ou seja, ela implica âmbitos da existência que não podem simplesmente ser calculados, medidos ou explicados. O que Freud chamava de *Unheimlich* – o sinistro, o inquietante, o estranho – faz parte da experiência do mundo que a literatura soube expressar em contos de terror. Ora, o sistema de opressão administra o terror e calcula sobre a percepção humana para interceptar a compreensão e impedir a dúvida quanto à necessidade de acreditar nele.

O mundo ao qual nos referimos como mundo genérico é feito de mundos particulares, mas, sobretudo, é feito do que, dentro de um mesmo sistema referencial, é o conhecido e o desconhecido, aquilo com o que entramos em jogos ou interações. Não compreender "o mundo" é fazer a experiência dos limites da compreensão que apontam para a complexidade do mundo como equação entre conhecido e desconhecido. A complexidade de uma coisa, fato ou acontecimento, é justamente o que não se pode compreender senão a partir de muitos esforços intelectuais, de pesquisa, de arte e ciência. A divisão rígida entre ciências humanas e ciências duras ou da natureza desfavorece a compreensão da complexidade do próprio mundo como algo que pode ser compreendido. Ela promove dissociações perigosas ao descartar o caráter integral – e integrador – da própria ideia de compreensão e da ideia de mundo como algo que implica compreensibilidade.

A complexidade do mundo continua em perspectiva para os agentes do pensamento crítico e democrático, embora os sequestradores da ideia de mundo e do seu acontecimento concreto precisem simplificá-lo, retirando dele o mistério e a poesia, com os quais aprendemos a viver a experiência da alteridade que é consubstancial ao mundo. No sistema PRCC, a alteridade é substituída pela mercadoria.

Se de um ponto de vista teórico-estético uma obra de arte é um mundo produzido e portador de experiência sensível, para economicistas utilitaristas o mundo é o que se pode usar e explorar, algo que se pode vender em partes, mesmo que se pressuponha uma noção abstrata de um todo. De fato, a noção de todo ou universal pode ser abstrata, mas não quando ela é tratada como alteridade na qual estamos contidos como forma de vida. Apagar a noção de um todo complexo e aberto implica apagar o que é "comum" e constitutivo da experiência de mundo, inclusive a complexidade da natureza que se confunde com o mundo – sendo ela a imagem da alteridade que não se pode separar do mundo.

Para impedir a experiência com a complexidade do mundo, a natureza em si uma experiência de libertação, é preciso usar métodos de ocupação e colonização de territórios físicos, mas também mentais. Assim como Giordano Bruno e Galileu foram perseguidos por suas teorias sobre o mundo, todos aqueles que refletem sobre o estado do mundo – bem como aqueles que agem de maneira crítica em relação à injustiça, muitas vezes construindo seus próprios mundos – serão perseguidos por quem se posiciona como "dono do mundo" e que, por definição, descarta o campo do possível.

O mundo não é apropriável. Contudo, a prática de apropriação[24] do mundo por parte das classes exploradoras não teria êxito apenas por meios físicos. Para dar um exemplo "moderno", já no começo da colonização europeia na América, a violência bruta que submetia os indivíduos e os grupos heterodenominados indígenas foi sendo modulada com as violências simbólica, religiosa e econômica, que dependiam principalmente da catequese e da humilhação. O convencimento dos corpos explorados e escravizados nunca foi apenas físico. Dar exemplos e eliminar indesejáveis eram estratégias comuns, mas era preciso manter parte da população viva para o trabalho. Os vivos deveriam ser convencidos à servidão e à submissão geral, evitando insurgências. Práticas de violência verbal e epistemológica, essas formas da violência simbólica deveriam acompanhar a violência física, reforçando-a.

---

24 Ver Gar Alperovitz, Lew Daly, *Apropriação indébita: como os ricos estão tomando a nossa herança comum*, 2010; Ladislau Dowbor, *A era do capital improdutivo: por que oito famílias têm mais riqueza do que a metade da população do mundo?*, 2017.

Os violentados deveriam assumir os hábitos dos violentadores, desde sua religião até seu modelo econômico, numa adesão completa ao seu sistema de crenças. Ou seja, deveriam aceitar e aderir a um mundo que não era o seu, e a forma pela qual poderiam aderir era a imitação. Ora, a experiência de mundo implica sempre a aceitabilidade. Não se pode participar de um mundo sem aderir a ele. A sensação de aprisionamento ao mundo tem a ver com a impossibilidade de aderir.

Para garantir essa amarração é preciso apresentar uma costura entre o exterior e o interior, entre a objetividade e a subjetividade, que seja convincente para o sistema de crenças ao qual se acordou chamar de realidade. Essa costura é garantida pelas ideias ou noções organizadas, administradas e desenhadas na intenção de configurá-lo. O que funciona de um ponto de vista da cognoscibilidade lógica funciona também na ação exigida no mundo da vida. Todos seguem vetores previamente programados.

Vilém Flusser ajuda a entender o que está em jogo nesse caso quando diz que "não é possível estabelecer uma ponte realmente adequada entre o mundo descrito (como o de Hegel) e o mundo calculado (o de Planck)".[25] Segundo ele, desde que aplicamos metodicamente o cálculo ao mundo (ou seja, pelo menos desde a geometria analítica de Descartes), sua estrutura modificou-se a ponto de tornar-se irreconhecível. Isso significa que a ideia mesma de mundo se transformou, e a mente deve acompanhar o que está sendo produzido em termos de mundo para adequar-se aos novos padrões.

Lendo em chave política o que Flusser diz, percebe-se em que sentido o mundo se torna um problema. Se mundo é uma determinada codificação, a codificação se tornou irreconhecível. A incognoscibilidade deverá ser uma característica desse mundo que precisa manter as regras do seu funcionamento inacessíveis para que não sejam perturbadas. É a incognoscibilidade que garante a inacessibilidade e, desse modo, a naturalização. A natureza do sistema

---

[25] Vilém Flusser, *O mundo codificado: por uma filosofia do design e da comunicação*, 2007, p. 83.

é a garantia de sua falsidade mascarada de verdade e aceita como tal. Em termos simples, isso quer dizer que o mundo codificado depende de se manter indecifrável para não ser abalado. O que estamos chamando de PRCC depende de sua estrutura se manter secreta, intocada pelo pensamento crítico e pela compreensão do ser humano, que é reduzido a ignorante sobre os jogos de poder lançados sobre seu corpo e sua vida.

O sistema da dominação econômica e simbólica é uma máquina de calcular sobre o que tem ou pode vir a ter valor, ou seja, o que pode ou não ser transformado em mercadoria. Isso quer dizer que a ideia de mundo tem um imenso valor nesse sistema, pois ela define a própria possibilidade de sustentação do sistema.

A ideia de mundo constitui uma espécie de imagem transcendental e universal, que deve ser válida para todos. Ela articula o conjunto do sentido sem o qual nada se organiza e ninguém vive. Disputar o mundo é buscar poder sobre o mundo. Mas, se o poder exercido depende do sentido, há um nível de disputa mais sutil que implica a construção do mundo que se quer controlar, como determinada ordem de sentido organizada pela linguagem. Assim, o mundo é construído como um jogo em que os fatos são desenhados por quem detém o poder, mas apenas possui e mantém o poder quem tem o poder de instaurar a ordem de sentido de linguagem desse mundo.

A FUNÇÃO CODIFICADORA
DA DISTOPIA

Código é uma representação que tem como função oferecer sinais referenciais a um organismo receptor, seja ele vivo ou não. O código é basicamente uma escritura ou um registro que exige um leitor vivo ou artificial e que coloca em jogo uma percepção viva ou artificial implicada na disposição de um corpo igualmente vivo ou não vivo. Qualquer linguagem implica códigos e decodificações, pois toda linguagem é escritura. Há códigos dos mais diversos níveis, mais simples e mais complexos. O código é uma funcionalidade da linguagem que permite perceber, mas também não perceber. Há codificações que ocultam seu caráter de código, são aquelas que se apresentam como naturais. O que chamamos de "naturalização" implica o cancelamento de uma decodificação. O poder trabalha para orientar codificações em direções determinadas e impedir decodificações.

Código tem também os sentidos de marca, de chave operacional, de ativador de compreensão e de comunicação. Um código permite tanto organizar quanto difundir e replicar, indicar e instruir a própria repetição. Um código implica *input* e *output*, ou seja, tanto uma energia guardada quanto uma energia que ele pode liberar. Nesse sentido, chamo de código distópico à estrutura semiótica, informacional e comunicacional que visa a carregar e liberar uma determinada informação, ou um determinado produto.

A noção de código distópico como operador ideológico permite compreender o entrelaçamento lógico e orgânico de pensamentos, afetos, condutas, ou seja, da mentalidade, da sensibilidade e da atividade dos indivíduos e grupos humanos. Esse entrelaçamento produz um funcionamento naturalizado dos seres atingidos pelo código. O código distópico tem como objetivo gerar um comportamento sob sua lei à sombra metafísica da ideologia que se apresenta em subcódigos concretos, tais como o machismo, o racismo e o capacitismo. A dificuldade de superação de sistemas como os fascistas e autoritários em geral, bem como dos subsistemas de preconceitos, se deve também à dificuldade de decifração e compreensão do funcionamento do código distópico.

Criamos mundos a partir de códigos que podem ou não se entrelaçar. Criar um código é criar uma escritura. Uma escritura pode dar lugar a um mundo. Nela, há sempre um traço. Todo traço implica uma direção, ou seja, uma projeção para além de um ponto. O que chamamos de design é a organização programada da possibilidade de traçar. O mundo codificado implica um design de mundo.

O capitalismo aspira à existência de um único código, o que venho chamando de código distópico, cujo mundo construído e informado é unidimensional. Mundo é o tema metafísico do qual a noção linguística de código permite que nos aproximemos. Se mundo vem sendo tratado como questão puramente econômica no universo da mundialização neoliberal e vem sendo transformado em "mundo-mercado" e "mercadoria-mundo", essa é uma codificação específica a ser analisada. Nesse mundo – onde, não é demais repetir, tudo o que existe é rebaixado a mercadoria –, alcança-se o fechamento de um circuito lógico e tautológico, um verdadeiro cerco que impede questionamentos e reflexões. Tal é a função do código distópico: servir de sistema fechado e indecifrável que possa impedir a dúvida quanto à sua verdade.

A operação de produção e reprodução do código distópico, a um tempo mítico, metafísico, estético, político e totalmente programático, é rígida. Enquanto sistema simbólico, o código funciona como um espelhamento entre objetividade e subjetividade, entre o mundo exterior e o interior. O aparato mental-linguístico é programado para compreender esse mundo ao redor do qual ele funciona cognitiva e pragmaticamente. O código distópico, feito de imagens e ideias prontas, paramenta os corpos afetiva, sensível e psiquicamente para a aceitação do que o sistema tem a oferecer como experiência. O sofrimento físico e mental é parte fundamental dessa oferta, pois desde Spinoza sabemos que o poder funciona prostrando os corpos, entristecendo-os e impedindo o avanço de suas potências.[26] O código distópico visa a garantir a coesão do mundo que ele cria e, por isso, não admite a presença do estranho em nível macro e microestrutural. Conteúdos que possam romper com o sentido do programa e o design predefinido desse código serão negados e rechaçados. A função do código é manter a repetição da informação que o sustenta, impedindo a interrupção ou a quebra do sistema. Nesse sentido, o código funciona também como algoritmo.

Em termos políticos, a dúvida e a reflexão que dela resultam devem ser evitadas a todo custo, pois ela quebraria a continuidade do código em si mesmo

---

26 Benedito Spinoza, *Tratado teológico-político*, 2004.

dogmático. A hipótese de um "outro mundo possível", ou de "outros mundos possíveis", deve ser evitada a todo custo, pois enunciados como esses implodem a ideia do código em sua forma de lei preestabelecida com base em um ato originário, ou seja, sempre repetido. O código é um sistema simbólico e semiótico com poder operacional que pode se combinar ou não com outro código.

Enquanto codificação, a distopia envolve uma estética do horror que se disfarça de alegria e beleza, uma ética do sofrimento pela qual cada um será adoecido física, mental e emocionalmente, uma política do sacrifício pela qual todos entrarão no paradigma da oposição rico-pobre (em que pobres deverão ser submetidos aos privilégios dos ricos) e uma lógica da destruição pela qual a avareza, a competição e a inveja se tornam energias de propulsão do sistema.

O código é o sistema linguístico que aciona a destruição dos corpos que o introjetam. Ele funciona como um programa de autocerceamento, de blindagem cognitiva, em que o inorgânico é um valor. O sentido não precisa ser construído, pois já está dado.

O código é impresso no corpo, como aconteceu com o condenado do conto "Na colônia penal", de Kafka,[27] impedido de conhecer uma sentença ilegível e provavelmente inexistente, porque a conheceria escrita no próprio corpo. O código distópico é essa informação promovida pelo sistema convertido em macrocósmica máquina de tortura, ao mesmo tempo psíquica e corporal, que funciona por meio de engrenagens institucionais e dispositivos dos quais é praticamente impossível escapar quando se é um mero corpo humano.

A função do código distópico é sequestrar a imaginação e o pensamento reflexivo e impedir que haja relação com a alteridade, seja ela cognitiva, ética, cultural ou política. Escapar da máquina de perseguir e devorar corpos destruindo o sistema no qual esses corpos vivem, sem precisar sair do planeta, implica debelar e desconfigurar o sistema, o que não é simples nem fácil, mas precisa ser possível. Contudo, o código distópico atua justamente para evitar o surgimento do possível que chamamos utopia.

---

27 Franz Kafka, "Na colônia penal", 2011, pp. 59-100.

O MUNDO CODIFICADO COMO MERCADORIA

O PRCC é um mundo codificado, ou seja, um mundo construído com base em símbolos ordenados, no qual se represam informações.[28] Segundo Flusser, "o objetivo do mundo codificado que nos circunda" é nos fazer esquecer que "ele consiste num tecido artificial que esconde uma natureza sem significado, sem sentido, por ele representada".[29] Flusser lida com os conceitos de primeira e segunda natureza, típicos da história da metafísica desde Aristóteles,

---
28 Vilém Flusser, *op. cit.*, p. 96.
29 *Ibidem*.

mas descobrirá um terceiro "mundo" que surge na relação entre natureza e cultura, passando pela mão humana.

Na concepção flusseriana de mundo codificado, "os códigos (e os símbolos que os constituem) tornam-se uma espécie de segunda natureza, e o mundo codificado e cheio de significados em que vivemos [...] nos faz esquecer o mundo da 'primeira natureza'".[30] Apenas o mundo da segunda natureza seria codificado. Um terceiro mundo, o do lixo,[31]

---

30 *Ibidem*, p. 90.
31 "A mão imprime formas (*informiert*) nas coisas que pega. E assim surgem dois mundos ao redor do homem: o mundo da 'natureza' das coisas existentes (*vorhanden*) e a serem agarradas, e o mundo da 'cultura', das coisas disponíveis (*zuhanden*), informadas. De fato, tem se tornado cada vez mais evidente que a mão não deixa em paz as coisas informadas, e sim continua agitando-as até que se esgote a informação que contêm. A mão consome a cultura e a transforma em lixo. Portanto, não são dois mundos que circundam o homem, mas sim três: o da natureza, o da cultura e o do lixo. Esse lixo tem se tornado cada vez mais interessante: diversas áreas do conhecimento, como por exemplo a ecologia, a arqueologia, a etimologia e a psicanálise, têm se dedicado a estudá-lo. O que se constata é que o

surgiria como aquele que exige atenção e inspira o surgimento de ciências que possam explicá-lo. Podemos deduzir que este é um mundo dos códigos que perderam sua validade. Entrelaçados, todos esses mundos colocam questões morais e teológicas, além de estéticas. O mundo codificado é perpassado pelo design, que compreende formas projetadas e programadas que definem relações entre os seres humanos e o mundo.

O conceito flusseriano de "mundo codificado" tem relação com o de "configuração", de Norbert Elias,[32] e o de "*habitus*", de Pierre Bourdieu.[33] Tais conceitos permitem pensar a assimilação e a transferência analógica de esquemas pelos indivíduos, por meio de matrizes de percepção. O conceito de "do-

---

lixo retorna para a natureza. A história humana, portanto, não é uma linha reta traçada da natureza à cultura. Trata-se de um círculo, que gira da natureza à cultura, da cultura ao lixo, do lixo à natureza, e assim por diante." *Ibidem*, pp. 60-61.
32 Norbert Elias, *A sociedade de corte: investigação sobre a sociologia da realeza e da aristocracia de corte*, 1969.
33 Maria da Graça Jacintho Setton, "A teoria do *habitus* em Pierre Bourdieu: uma leitura contemporânea", 2002, pp. 60-70.

mínio cognitivo", de Humberto Maturana,[34] pelo qual se contempla o critério de aceitabilidade – que se pode reconhecer um mundo e aceitar que se trata de algo comum e partilhável –, permite entender a participação do sujeito no processo do conhecimento e de sustentação do sistema.[35] O conceito de "mundo administrado", de Adorno e Horkheimer,[36] serve de pano de fundo para essas abordagens, colocando em cena o elemento teleológico do sistema,

---

34 Maturana diz que há tantos "domínios cognitivos quantos forem os domínios de ações – distinções, operações, comportamentos, pensamentos ou reflexões – adequadas que os observadores aceitarem, e cada um deles é operacionalmente constituído e operacionalmente definido no domínio experiencial do observador pelo critério que ele ou ela usa para aceitar como ações – distinções, operações, comportamentos, pensamentos ou reflexões – adequadas as ações que ele ou ela aceita como próprias deste domínio". Humberto Maturana, *Cognição, ciência e vida cotidiana*, 2001, p. 128.

35 Meu objetivo neste trabalho não é resenhar cada um desses autores, mas apontar para categorias afins em contextos ideológicos e epistemológicos múltiplos.

36 Theodor Adorno, Max Horkheimer, *Dialética do esclarecimento*, 1984.

ou seja, o fim a que se destina mesmo quando parece não ter sentido algum.

O conceito de mundo codificado implica a uniformidade e o reconhecimento pelos indivíduos pertencentes, que são os herdeiros das informações que codificam o mundo. Esse conjunto de informações organizadas num jogo (a linguagem lógica em um espaço lógico), ou seja, em uma codificação que produz ação, será repetido por cada indivíduo, e a função individual dentro do jogo é mediar uma informação. A informação é mais importante que os corpos que a transmitem, pois ela é o próprio sistema, uma engrenagem sem vida que ocupa o espaço da vida para reproduzir sua estrutura e sua lógica. A informação transmitida pelo PRCC é uma só: os machos brancos aptos têm um valor[37] do qual derivam todos os demais, e não existe outro mundo possível fora do sistema.

---

37 O tema do "macho como valor" escapa ao objetivo deste trabalho e estará tratado em um futuro livro meu que se encontra em desenvolvimento. Remeto à leitura de: Roswitha Scholz, "O valor é o homem. Teses sobre a socialização pelo valor e a relação entre os sexos", 2016, pp. 15-36.

Partindo do princípio de que se deve compreender uma codificação para interagir com ela ou ultrapassá-la, para ficar dentro de um mundo ou ir além dele, entende-se que o mundo patrirracialcapacitalista funciona como codificação. Ele se sustenta na medida em que é interiorizado, aceito e validado pelos corpos que usa para se manter. O realismo patrirracialcapacitalista propõe que o único jogo a ser jogado é o da aceitação de sua norma reguladora da vida. Talvez a infelicidade desse mundo, expressa na onda do que vem sendo chamado de depressão e na sensação de perda de sentido, derive da impossibilidade de sair desse circuito.

A CIRCULAÇÃO DA INFORMAÇÃO E A REPETIÇÃO DO CÓDIGO

O mundo codificado depende, então, da circulação da informação que o estrutura. Em sua base está o "fundamento místico da autoridade",[38] que é a posição de mando e de manutenção da ordem, ou o poder de ser o "designer" geral até mesmo de um mundo concebido como totalidade, como se pretende o capitalista. No mundo codificado, todos agem como replicantes de informações, senhores e escravos, algozes e vítimas.

---

[38] Jacques Derrida, *Força de lei: o fundamento místico da alteridade*, 2018.

O fundamento místico da autoridade se expressa como puro abuso e usura de cada corpo, usando armas linguísticas – frases, gestos, discursos, textos, notícias, documentos etc. Ora, a implantação e manutenção do capitalismo é, ela mesma, mística – depende da adesão individual ao nível da crença. Como governo antivida, o PRCC coloca a morte como autoridade encarnada no corpo dos seus sacerdotes fardados com uniformes militares ou empresariais. O figurino do operador da bolsa é o mesmo do dono da funerária. Os instrumentos do cálculo biopolítico[39] feito sobre a vida das populações são os mesmos do cálculo psicopolítico feito sobre seus pensamentos e sua linguagem. Todos devem usar as lentes da lógica que calcula sobre corpos e linguagem, sobre os meios de subsistência e os aspectos imateriais da vida. Esse cálculo implica a impressão do conceito na matéria, da ideia na concretude da vida, da informação codificada na forma de pensar, sentir, crer e agir.

---

39 Michel Foucault, *O nascimento da biopolítica*, 2010.

A impressão do código é a produção de cicatrizes. Assim como há marcas de nascença, há marcas de cultura nos corpos. Aqueles que são marcados pela codificação funcionam e interagem com outros, o que nada mais é do que um jogo de repetibilidade. No mundo codificado, a relação entre emissor e receptor dá lugar ao reconhecimento mútuo entre classes de seres pré-marcados. Todos performam. As marcas são físicas, como gestos e plasticidades relacionadas a múltiplos aspectos: o trabalho, o gênero, a raça e tudo o que possa servir como elemento configurador de um corpo. Marcadores são ainda roupas, adereços, adornos. Desde objetos pequenos até carros e casas funcionam como fatores de distinção. Funcionar na codificação demanda a cognição como forma de ser dentro de um ambiente no qual corpos performam com base em informações, informando e sendo informados. Nesse caso, é o ser e o dever-ser, ou seja, os níveis ontológico e político da existência que se articulam com base no código. Indivíduos de uma mesma "classe" – tomada em sentido genérico, mas também como classe social – se reconhecem e atuam entre si compondo um jogo de cena, uma teatralidade naturalizada por meio de um acordo tácito sobre o que seja a realidade.

Em um mundo codificado, a política é a arte de determinar a codificação, ou seja, ela é um arranjo construído com uma intenção. Toda codificação torna necessário um programa. Codificação e decodificação exigem a descrição do mundo produzido por uma máquina marcadora ou codificadora, a máquina linguística do poder, programada por *inputs* soberanos. Uma fenomenologia capaz de descrever a intencionalidade geradora do sistema seria ontopolítica, falaria dos elementos e dos movimentos repetitivos que sustentam a ordem. O reconhecimento do papel da percepção na construção do corpo-sujeito será o seu resultado mais esperado depois da descrição das formas impressas, das marcas e dos aparelhos e instrumentos marcadores que moldam corpos e vidas.

O PRINCÍPIO DO OBSCURANTISMO E A GEOMETRIA VARIÁVEL DO ÓDIO NUM MUNDO CRIPTOGRAFADO

O termo "código" é usado para significar um método de criptografia ou ocultação de significado. Todo o sistema de opressão é codificado e depende da ocultação de seu código. O PRCC é um sistema de encriptação, ou seja, de transformação em ininteligível daquilo que é passível de compreensão. É próprio dos sistemas de opressão se apresentar como normativos e oferecer a noção de "natureza" das coisas para sua validação, como se a compreensão fosse compulsória e todos estivessem entendendo o que se passa. Na verdade, aquilo que está explícito e que poderia ser considerado já conhecido precisa ser constantemente escondido. É preciso "edulcorar" a realidade. É preciso revestir a realidade decorativamente para torná-la suportável. Nesse sentido, se de um ponto de vista da ideologia pode-se falar de contexto de obnubilação e cegueira, do ponto de vista da teoria da informação, pode-se falar de dois tipos de desinformação: uma essencial ao sistema, que define a ontologia do mundo da mentira; e outra comum ou banal, que está ligada a cada fato produzido como mercadoria no grande mercado da enganação.

É certo, então, que cifrar ou ocultar a informação é essencial para o funcionamento do sistema. Contudo, para sua permanência, a informação ocultada deve ser transmitida entre pares e interessados. Em computação, uma cifra corresponde ao ato ou efeito de alterar a mensagem original. Muda-se a ordem ou a aparência de um elemento em uma palavra ou frase para proteger a mensagem. Se na computação isso é um mecanismo de controle, em política não é diferente. O poder funciona como psicopoder quando a violência bruta e direta é substituída por subterfúgios indiretos que submetem o organismo sem que seja preciso usar a força direta.

Em termos políticos mais profundos, isso quer dizer que o sistema depende do obscurantismo. Se a ininteligibilidade é parte do jogo da informação para garantir a segurança, ou seja, garantir que não haverá abalo do *continuum*, o que se chama desinformação hoje nada mais é do que a produção da ininteligibilidade total. Esse é um fator do obscurantismo que é potencializado ao extremo em nossa era. A produção de desatenção faz parte disso. As novas tecnologias, sobretudo as digitais, que informatizaram táticas já usadas em velhos jogos de poder, tornam explícito que, mais do que nunca, a racionalidade técnica é a racionalidade da dominação.[40] Nessa perspectiva, o PRCC sempre foi, sobretudo, um sistema que conta com a ininteligibilidade, baseado na desinformação. Agentes de luta, ou seja, dissidentes que permanecem no sistema em

---
40 Theodor Adorno, Max Horkheimer, *op. cit.*, 1984.

um estado de exceção (as feministas, os antirracistas etc.), são seus "interceptadores". As feministas são tratadas como mulheres antinaturais e "loucas", como foram um dia as "bruxas", são vistas como inimigas do sistema, o que de fato são. Os socialistas, os comunistas e os anarquistas, os ativistas rurais e urbanos que lutam por terra e moradia, as pessoas identificadas como LGBTQIAP+, os militantes de movimentos negros, estão todos na mira do extermínio. Para isso, vale-se de todo tipo de guerra, convencional ou híbrida, com táticas de difamação, violência de gênero, racismo, perseguições, ameaças e até assassinatos.

O ódio produzido e repetido no sistema por sujeitos engajados contra seus críticos, os ativistas teóricos e práticos, se deve aos processos de decriptação das opressões. Ele ocorre quando se passa do texto cifrado, que deve ser ininteligível para os subjugados, ao texto compreensível, o que dá às vítimas o poder da consciência. Se não garante a libertação, esse poder ameaça o sistema com a potencialidade dela. Desse modo, o antídoto contra o feminismo é a misoginia, contra a libertação dos negros é o racismo e contra outras minorias políticas são os preconceitos e a humilhação transformada em tecnologia política.[41]

O PRCC é uma operação detalhada. O ato de cifrar é organizado por um algoritmo em que machismo, racismo e outros ódios e fobias são oferecidos conforme interesses numa geometria variável. A parte que permite a transmissão da informação é uma chave, um segredo conhecido apenas pelos interessados do sistema comunicante, ou seja, por aqueles que ocupam a posição de privilégio e que transmitem o próprio privilégio como uma informação a ser repetida entre corpos emissores-receptores. Os demais corpos são apenas combustível do sistema. É importante que as chaves sejam variáveis. Assim, confundi-las é estratégico.

A variabilidade das chaves é produzida pelo próprio sistema, que a altera constantemente enviando

---

[41] Marcia Tiburi, *Complexo de vira-lata: análise da humilhação colonial*, 2021.

informações distorcidas. Por exemplo, se é preciso sustentar corpos submissos sem matá-los, pode ser benéfico estimular que pessoas pobres acreditem que são ricas, ou que mulheres tenham orgulho de estar a serviço da família ou da sexualidade predadora patriarcal, ou que pessoas racializadas não percebam a presença da categoria "raça". Em todos esses casos, um contingente populacional organizado em coletivos políticos e movimentos percebe a codificação como marcação e começa a atuar contra ela. O ódio às mulheres que passam a falar em feminismo, ou ao movimento negro, que passa a usar a raça como chave de libertação, deriva disso. Do mesmo modo, quando o termo "gênero" é usado como categoria de análise, ele desperta os controladores do código patriarcal, que se sentem lesados no seu "direito natural" de imprimir gênero como pensamento e ação sobre os corpos, sem que os corpos visados saibam disso.

A variação das chaves dificulta o conhecimento das cifras e promove a sustentação do programa e do funcionamento do sistema. O termo "ideologia de gênero", por exemplo, serve como chave que visa a ocultar a generificação ou a produção de gênero. Como senha, ideologia de gênero serve para acionar o ataque àquelas pessoas e grupos que ousam compreender a criptografia do patriarcapitalismo e, assim, ameaçam desmontar o código, que é a informação básica que sustenta o sistema. A violência é o núcleo de uma programação a ser repetida, coordenada e reproduzida no PRCC.

A ciência dos segredos do sistema de opressão é, ela mesma, uma criptoanálise. Nela, mundo é uma palavra-código por meio da qual se pode criptografar e descriptografar a vida. Nesse sentido, a teoria feminista e as análises sobre raça e classe são "criptoanálises", ou seja, ciência ou estudo dos segredos do sistema de opressão. O nome patriarcapitalismo serve como exposição de algo que ainda é segredo para muitos: o que une codificações amalgamadas como patriarcado, racismo, capitalismo e capacitismo, as "codificações mestras". Seu jogo é o da violência, que se faz poder constituído e constituinte e que define as regras e leis para sua autossustentação.

O MUNDO CODIFICADO É CALCULADO E ADMINISTRADO

Do ábaco à calculadora digital, nada escapa à lógica da medida, à fragmentação, ao esquartejamento, à binarização. Ao mesmo tempo, a análise que pode ir além do cálculo é controlada, pois, enquanto compreender e interpretar estiver ligado ao princípio dialético de eros, o trabalho do princípio da morte, que espera a liquidação de todas as coisas, não cessará.[42] O cálculo é a regra com base na qual se

---

42 Sobre o "desejo mórbido de liquidez", *ver* Bernard Maris, Gilles Dostaler, *Capitalisme et pulsion de mort: Freud et Keynes*, 2009, pp. 8-9. Segundo os autores, "*Ce qu'enseignent Freud et Keynes, [...] c'est que ce désir d'équilibre qui appartient au*

constrói uma ideia de mundo em que se deseja controlar milimetricamente os atos, os fatos, os corpos. Da física à economia, da medicina ao tamanho das postagens nas redes sociais, nada escapa à lógica da medida, organizadora do mundo industrializado e, hoje, digitalizado e virtualizado, medido em *bits*. A imaginação que pode ir além de tudo isso deve ser controlada.

Reis, imperadores, padres e pastores, bem como capitalistas e seus economistas ideológicos, com a ajuda de filósofos e cientistas, constroem a "visão de mundo" baseada no cálculo e a vendem ao mundo entre outras mercadorias – uma visão de mundo vale muito no mercado que se sustenta a partir dela. O cálculo é regra da visão que fragmenta tudo. Da

---

capitalisme, toujours présent, mais toujours repoussé dans la croissance, n'est autre qu'une pulsion de mort. Détruire, puis se détruire et mourir constituent aussi l'esprit du capitalisme" ["o que Freud e Keynes nos ensinam [...] é que o desejo de equilíbrio que pertence ao capitalismo, sempre presente, mas sempre empurrado para o crescimento, não é outra coisa senão uma pulsão de morte. Destruir, depois destruir a si próprio e morrer é também o espírito do capitalismo"].

anatomia à probabilidade, ele é a medida epistemológica geral que define o que pode ser conhecido. O mundo se torna também uma questão de cálculo, do que vale mais e do que vale menos.

O cálculo pressupõe que o que é inteiro pode ser tomado por partes, ou é algo que pode ser reproduzido. O que pode ser tomado por partes pode ser reduzido a quantidade e está sujeito a limites. O cálculo que vale para as coisas e corpos submetidos aos valores estéticos – que são ao mesmo tempo esquifes estéticos – de cada época vale também para palavras que são utilizadas em um texto, para os discursos com tempos medidos. Não há tempo para todos quando o tempo também obedece à lógica da mercadoria, ao princípio do capital. Ora, também as ideias são calculadas como parte de um todo. Assim, a religião usa a ideia de Deus como parte do cálculo de poder, já o patriarcado usa a ideia de homem, mulher e família. O capitalismo usa a ideia da propriedade privada, do lucro, do mérito, da concorrência, da livre-iniciativa. A função das ideias é traçar o projeto, estabelecer o design do mundo dentro do qual serão estabelecidos uma forma de vida e um modo de ser que serão repetidos.

A proposta de pensar o mundo como linguagem e a linguagem como o que pode ser compreendido[43] corresponde à busca por alterar a valência do ser calculado do mundo, resgatando-o da concepção fechada que fez história na filosofia em nome do combate aos mitos.[44] A própria filosofia – pelo menos a filosofia como pensamento reflexivo – foi exterminada pela ideologia do cálculo, que descarta o pensamento crítico como inútil. A metodologia

---

43 Hans-Georg Gadamer, *Verdade e método*, 1997, p.
44 "Na crença de que ficaria excessivamente susceptível à charlatanice e à superstição, se não se restringisse à constatação de factos e ao cálculo de probabilidades, o espírito conhecedor prepara um chão suficientemente ressequido para acolher com avidez a charlatanice e a superstição. Assim como a proibição sempre abriu as portas para um produto mais tóxico ainda, assim também o cerceamento da imaginação teórica preparou o caminho para o desvario político. E, mesmo quando as pessoas ainda não sucumbiram a ele, elas veem-se privadas dos meios de resistência pelos mecanismos de censura, tanto os externos quanto os implantados dentro delas próprias." Theodor Adorno, Max Horkheimer, *op. cit.*, 1984, p. 2.

do cálculo se eleva à visão de mundo hegemônica e dominante. Ou seja, é a confusão entre linguagem como cálculo e linguagem como meio universal que é preciso revisitar.

O cálculo foi o paradigma da ciência moderna que permitiu "a regressão do esclarecimento à ideologia",[45] como demonstraram Adorno e Horkheimer na *Dialética do esclarecimento*. Os meios de comunicação de massa são a expressão dessa transformação da ciência em mistificação e da "verdade" em mera "notícia". Que a mentira tenha ocupado o lugar da verdade, gerando o novo ambiente linguístico no qual circula a livre desinformação, é sinal de uma perigosa alteração no campo simbólico. O cálculo não se faz mais sobre a verdade, mas sobre a mentira.

A própria ideia, ou o ser da verdade, já não importa. O que importa é a eficácia da técnica de produção e de difusão da notícia, a saber, da mentira-mercadoria, que ocupa o lugar da verdade, recriando o metabolismo da vida cotidiana. Assim,

---
45 *Ibidem*, p. 16.

produção e difusão de notícias falsas geram um novo mundo falso. A forma lógica das coisas continua em pé, mas rumo à desorganização, ou seja, rumo a um não mundo que se apresenta como o melhor dos possíveis. Se o mundo composto de formas lógicas depende da produção de uma lógica do sentido, a lógica do nonsense tende a produzir estruturas distópicas que serão administradas para o bom funcionamento do sistema. A administração é um princípio que faz funcionar o caos como se ele fosse ordem, tal como vemos no fascismo.

Foucault percebeu que o poder implica cálculo. Ao criar o termo biopoder, o filósofo francês tratou do cálculo do poder sobre a vida percebendo o papel do sexo e da sexualidade como dispositivos.[46] Foucault acreditou que o funcionamento desse cálculo não poderia ser, ele mesmo, calculado. Na fórmula foucaultiana do biopoder, como cálculo que o poder faz sobre a vida, a noção de cálculo implica o procedimento cuja lógica não pode ser captu-

---

46 Michel Foucault, *Histoire de la sexualité: La volonté de savoir*, 1994.

rada. O poder é, justamente, um aprisionamento. O que Foucault chamou de dispositivo é justamente essa máquina de ininteligibilidade, ela mesma tornada ininteligível.

A máquina calculadora do poder funciona com base em um mecanismo que não pode ser conhecido, pois está espalhado e atuando por toda parte. O dispositivo se refere a um "arranjo", a uma espécie de engenhosidade sem sujeito, mas plena de racionalidade, que faz lembrar novamente a máquina de tortura de "Na colônia penal", de Kafka. De modo aproximado, o personagem Odradek de "A preocupação do pai de família"[47] é, ele mesmo, uma engrenagem que sobrevive às gerações.

A inacessibilidade do cálculo sobre o mundo causa sua incompreensibilidade. Contudo, o cálculo já não é o elemento que permite compreender o mundo, a não ser como forma da manipulação epistemológica na era da desinformação, ela mesma um arranjo de teorias selvagens infinitas.

---
47 Franz Kafka, "A preocupação do pai de família", 1994, pp. 41-42.

GRAFOPODER, CONCEITOGRAFIA OU O DESIGN COMO PRÉ-FABRICAÇÃO DO MUNDO

O design é o cálculo que se expressa em imagens. Em sua base, está o gesto que projeta do ponto para o traço, ou seja, que instaura um movimento ínfimo que acaba por forjar um mundo e tomar o mundo como um todo. A unidade mais básica da compreensão é imagética. Ela é esse traço que pode ser visto nos gestos e no design que os contém em sua base.[48]

Do shopping à casa pré-fabricada, do carro popular (*Volkswagen*) à bicicleta dobrável, do relógio

---

48 Vilém Flusser, *Gestos*, 2014.

de pulso ao aparelho de televisão, do fogão a lenha ao fogão de indução, do pote de barro ao prato de vidro, tudo passa pelo design, ou seja, pelo desenho de uma ideia que obedece antes ao gesto que produz um traço. O design é, ele mesmo, o código que se apresenta como "in-pré-pensado", feito de movimentos mínimos, que são a ação do corpo vivo que pode ser vista. Ele é a informação que produz uma forma de vida e que ensina a viver conforme o gesto original que, ao desenhar, se estabelece como código básico de representação da realidade, mas também de ideias. A geometria mais básica depende de formas desenhadas.

Se os limites do mundo são os limites da linguagem, a dominação incide justamente sobre o sentido do limite. Um objeto pode ser definido pelo seu limite, pela sua forma e por seu conteúdo interno, do qual a forma surgiu. O conceito de limite remonta à noção de contorno,[49] que está na origem da ideia de representação – ela mesma design de uma ideia, o

---
49 Victor Stoichita, *A Short History of the Shadow*, 2013.

que podemos chamar de design de pensamento. Mundo é o limite dentro do qual estamos, e limite é um elemento central da ideia de mundo.

A noção de contorno permite entender como se constitui um símbolo. O limite é o que pode ser contornado, portanto, o lugar onde ocorre a representação, para além da qual a linguagem, perdida do contorno que a define, torna-se um grande borrão. Símbolo é, portanto, a unidade de conteúdo e forma que pode ser representada. Mundo é, desse modo, aquilo que se pode arranjar como conjunto de elementos que se apresentam como simbolizados.

Os limites do mundo são dados nos vetores do design que o desenham: de desenhos a carvão no fundo de uma caverna a formas arquitetônicas variadas ao longo de milênios, chegando ao computador – e à binarização do mundo pela internet. Os *habitus* da vida cotidiana, que envolvem formas de habitar, de comer e de vestir, fazem parte disso. Nesse sentido, os limites do mundo são traços dados por um gesto "vetorizador" que muda conforme a necessidade, se organizando como programa criador de ontologia, ou seja, de formas capazes de definir o comportamento da espécie humana. Isso quer dizer que a estética programa a ética e a política. O tema da estética não se refere apenas a acobertamentos, mas a produções de mundo e de formas de ser no mundo. Design não é apenas uma projeção ou uma manipulação do mundo, tampouco um modo de fazer mundos. É o seu ser mesmo, que, na era digital, se torna explícito em função do ser do digital, como forma de notar o mundo.

Em Wittgenstein, o sujeito não pertence ao mundo por ser o seu limite, pois o design não é o sujeito, mas aquilo que, desenhando o lugar do sujeito (das condições onde ele se instaura), se coloca como uma espécie de metassujeito. O sujeito não é uma mente ou um corpo, mas o que está sob a régua da qual fala Peter Haidu.[50] Ora, a régua é limite e é, ao mesmo tempo, instrumento de medida. A subjetividade como categoria do sujeito vem a ser

---

50 Peter Haidu, *Sujeito medieval/moderno: texto e governo na Idade Média*, 2003.

o efeito de um design em que ventriloquacidade (os discursos prontos ou o discurso como capital) e espetáculo (as imagens prontas ou imagens como capital) se misturam compondo dioramas habitáveis para determinados corpos. Como forma de poder, o objetivo do design é definir o todo da vida, em escalas micro e macroscópicas.

Por analogia, como design do mundo, o PRCC funciona como um processo incessante de vetorização e projeção de sua lógica. A reprodução da ordem é literal. No caso do patriarcado, é uma reprodução "cunicular", na qual o estupro se tornou "lógico" e randômico, e a inseminação, um projeto anterior a qualquer raciocínio.[51] Ocupar o espaço e cada reentrância do planeta é o gesto inerente ao design patriarcal reproduzido pelo capital em seu anseio falogocêntrico.[52] Do mesmo modo, o racismo, como teoria e como prática, não deve deixar espaço vazio

---

51 Françoise d'Eaubonne, *Le Féminisme ou la mort*, 2020.
52 Neologismo cunhado por Jacques Derrida a fim de combinar as palavras "falocentrismo" e "logocentrismo". *Ver* Jacques Derrida, "Le Facteur de la Verité", 1975.

e corpos vivos desde que sejam marcados como "negros". O mesmo ocorre com os corpos dissidentes da normatividade plástica ditada pelo capacitismo. Mais uma vez, temos na banda de Möbius a imagem perfeita para esta relação: a dominação funciona de um lado com a teoria, de outro com a prática; de um lado há a narrativa, de outro, a ação. A dominação é um jogo de ilusões e aparências e, sobretudo, de vetores que nos permitem entender que no caminho da fita de Möbius, nossos olhos, assim como nosso pensamento (portanto, nossa percepção e nossa cognição como um todo), percorre um traço, um movimento, e não sai do lugar mesmo quando parece estar em outro.

O mundo concreto corresponde à ideia previamente desenhada pelos donos dos meios de produção dos instrumentos linguísticos – os agentes do design, que são agentes do poder. Podemos, nesse sentido, falar de um "grafopoder", o poder de traçar, de criar escrituras ou mundos articulados. Pode-se criar uma igreja ou um parque de diversões, um museu ou uma escola, um condomínio ou uma prisão, um hospital ou uma cave de sado-masoquismo sexual, assim como um sistema que transcende locais materiais clássicos. A internet é exemplo disso. Sistemas, quaisquer que sejam, sempre são codificações e, desse modo, mundos. Os mundos são organizados dentro de limites e carregam conteúdos que orientam a sua reprodução: as ações sempre são linguísticas e levam a fatos, obedecendo ao vetor, ou seja, ao traço gerador prévio, autônomo e soberano sustentado no fundamento místico da autoridade.

Hoje, a arte contemporânea está sobrecarregada pelo peso do design. As obras que fazem mais sucesso no campo da crítica e do espetáculo atualmente são aquelas que permitem combinar a pintura na parede com o sofá e com os corpos humanos que são os donos do sofá, assim como da parede. Todos devem estar vestidos com roupas adequadas ao gosto, sejam homens, mulheres ou de outras identidades de gênero. Todos devem estar fechados dentro do circuito decorativo que esconde alianças políticas, conservadoras mesmo quando apresentadas como as mais democráticas possíveis.

No império do design, o mundo é uma questão e uma produção "conceitográfica",[53] baseada em fórmulas aplicadas e replicadas à exaustão, como em um jogo de reprodução que não admite quebra. A ideia de reprodutibilidade técnica, tal como vemos em Benjamin,[54] não é apenas a reprodução das obras de arte dos museus em fotografias que serão espalhadas pelo mundo analógico ou digital, mas a reprodutibilidade da própria técnica. Ela é vertiginosa e não pode parar, como um texto que precisasse se espalhar. Sendo o texto um jogo de articulações de sentido, ele mesmo é um determinado arranjo ou design que projeta e organiza o mundo.

Junto a essas ideias flusserianas, tomo emprestado o conceito de "conceitografia" de Frege para falar da forma como uma teoria se transforma em design. Meu interesse é apontar para uma "concei-

---

[53] Gottlob Frege, *Conceitografia: uma linguagem formular do pensamento puro decalcada sobre a aritmética*, 2019.
[54] Walter Benjamin, *A obra de arte na era de sua reprodutibilidade técnica*, 2018.

tografia política" que informa um mundo e, assim, o produz. A disputa do mundo é, a meu ver, uma disputa por essa "conceitografia" exposta na forma de um design que age sobre espaço, tempo, corpos e também sobre a subjetividade.[55]

---

55 Marcia Tiburi, *op. cit.*, 2021.

GLOBALIZAÇÃO: DA CACOTOPIA CUJA META É A CATÁSTROFE À HIPNOSE CUJA META É O ESVAZIAMENTO SUBJETIVO

A palavra mundo inspiraria intuições libertárias se não tivesse sido previamente aprisionada na retórica intimidatória da globalização, que é parte da guerra insidiosa e colonizadora contra a imaginação de um outro mundo possível. A ideia do "global" serve para esconder a metafísica em torno do termo "mundo" e sua ambiguidade própria entre a distopia e a utopia.

A distopia toma conta do mundo como se pudesse adequar o design mental ao da destruição.

Se por um lado as distopias literárias[56] e cinematográficas fazem o papel de espelho do mundo, denunciando o delírio que constituem os sistemas econômico, jurídico, político, afetivo e cognitivo, e, assim, ajudando a descortinar ilusões, por outro, o real afunda no paradigma distópico. Imagens de um mundo mau, doente, apocalíptico e infernal, de um mundo "cacotópico",[57] fazem parte de um imaginário do horror em que psiconarrativas contundentes servem como armas do psicopoder. O termo cacotopia (do grego *kakós*, que significa "mau") foi cunhado em 1818 por Jeremy Bentham e, depois, usado por Stuart Mill para criticar o governo de sua época. Anthony Burgess, autor de *Laranja mecânica* e de *1985*, preferia usar o termo para falar de algo

---

[56] Recomendo o excelente trabalho de Eduardo Marks de Marques sobre o tema: "From Utopian Hope to Dystopian Despair: Late Capitalism, Transhumanism and the Immanence of Marxist Thought in Contemporary Dystopian Novels", 2014, pp. 257-285.

[57] Gregory Claeys, *Dystopia: a Natural History – A Study of Modern Despotism, Its Antecedents, and Its Literary Diffractions*, 2017.

pior do que uma distopia. A noção de globalização como universalização da catástrofe é uma espécie de cacotopia naturalizada – que pretende a totalidade e a aceitação como inevitável.

Trata-se de uma guerra contra a subjetividade promovida pela indústria cultural, ela mesma o aparelho produtor e reprodutor da mentalidade capitalista. A distopia é o conceito da vez, a ser vivido diariamente como forma do mundo que avança para a cacotopia universal. A própria globalização vem a ser um chavão usado como artefato hipnótico, ou seja, como arma psicopolítica cuja função é substituir questionamentos e reflexões que possam interferir na vontade das pessoas e, portanto, na totalidade da vida.

A globalização é a mundialização econômico-política, mas é também uma narrativa acobertadora. A filósofa boliviana Silvia Cusicanqui[58] alertou para a função muito peculiar que o colonialismo

---

[58] Silvia Rivera Cusicanqui, *Ch'ixinakax utxiwa: una reflexión sobre prácticas y discursos descolonizadores*, 2010.

dá às palavras: elas deixam de designar e passam a encobrir. A ideia de colonização do imaginário faz referência ao uso das palavras a serviço do sistema de violência e opressão. É assim que inimigos imaginários são produzidos por palavras manipuladas em textos para garantir certos contextos – os contextos criam palavras e textos, mas as palavras e os textos também criam os contextos.

A mundialização capitalista transforma o mundo em mercadoria enquanto tenta manter o problema mundial afastado de questionamentos e reflexões que poderiam alertar para o perigo que o mundo corre, e, assim, contê-lo (mesmo que já em fase de realização). Dessa forma, a mundialização capitalista produz o mundo como objeto de consumo e, portanto, de descarte.

Globalização e mundialização são termos relacionados ao controle da ideia de mundo hoje. Definições como sistema-mundo (economia-mundo e império-mundo) nasceram da percepção de que a acumulação do capital gerou uma necessidade de mudanças tecnológicas e de expansão das fronteiras geográficas, psicológicas, intelectuais e científicas. A noção de sistema-mundo tinha o objetivo de explicar o funcionamento do capitalismo e do imperialismo dentro do que Wallerstein definiu como um "protesto fundamental contra os modos de conhecer o mundo".[59] Ela não se referia ao mundo inteiro, mas a "um mundo", ou seja, "uma zona espaço-temporal que atravessa múltiplas unidades políticas e culturais, uma que representa uma zona integrada de atividade e instituições que obedecem a certas regras sistêmicas".[60]

A ideia de uma "mercadoria-mundo" leva à destruição da ideia de mundo em geral, banalizada na retórica da globalização. A forma mercadoria é oferecida à população, de maneira sistemática e programática, como um verdadeiro esquema de pensamento,[61] com base no qual todos são coa-

---

59 Immanuel Wallerstein, *Análisis de sistemas-mundo: una introducción*, 2005, p. 11.
60 *Ibidem*, p. 32.
61 "[...] a verdadeira natureza do esquematismo, que consiste em harmonizar exteriormente o universal e o particular, o

gidos pelo assédio epistemológico que considera todas as coisas – inclusive a própria universalidade – negativas. A hegemonia retórica que conquista os discursos neoliberais e a mídia conivente faz valer a universalidade do mercado global enquanto esconde sua conspurcação. A própria crise do conceito de universalidade tem relação direta com a redução do mundo (da sociedade, da natureza, do "todo") a uma questão de mercado.

A globalização se apresenta como "fabulação" que pretende consagrar um "discurso único".[62]

---

conceito e a instância singular, acaba por se revelar na ciência atual como o interesse da sociedade industrial. O ser é intuído sob o aspecto da manipulação e da administração. Tudo, inclusive o indivíduo humano, para não falar do animal, se converte num processo reiterável e substituível, mero exemplo para os modelos conceituais do sistema. O conflito entre a ciência que serve para administrar e reificar, entre o espírito público e a experiência do indivíduo, é evitado pelas circunstâncias. Os sentidos já estão condicionados pelo aparelho conceptual antes que a percepção ocorra, o cidadão vê a priori o mundo como a matéria com a qual ele o produz para si próprio". Theodor Adorno, Max Horkheimer, *op. cit.*, 1984, p. 41.
62 Milton Santos, *Por uma outra globalização: do pensamento único à consciência universal*, 2001, p. 18.

Segundo Milton Santos, os fundamentos desse discurso "são a informação e o seu império, que encontram alicerce na produção de imagens e do imaginário, e se põem ao serviço do império do dinheiro, fundado este na economização e na monetarização da vida social e da vida pessoal".[63]

A retórica e a prática que tomam a forma mercadoria como verdade também assumem a forma mercadoria. O discurso pronto da razão publicitária (ela mesma uma forma de religião) vende-se e vende a globalização. A destruição do próprio sentido de mundo como forma simbólica marcada pela potencialidade e pela alteridade – elas mesmas formas abertas que não cabem na ideia de globalização – visa a fechar fronteiras em um narcisismo autocomplacente que é ofertado a cada um como parte de um projeto de adulação das massas. O sujeito é reduzido a mercadoria e consome a si mesmo nas redes sociais, onde é colocado na forma da embala-

---

63 *Ibidem*, p. 17-18.

gem adequada. A mercadoria-sujeito corresponde ao sujeito-mercadoria no contexto da mercadoria--mundo e do mundo das mercadorias.

A forma mercadoria acarreta a destruição das coisas concretas por meio de sua fetichização. Em outras palavras, essa destruição se estabelece na clivagem entre a ideia e a realidade, aspectos que se entrelaçam em um novo nível de fetichização do próprio discurso que invade todos os espaços. A expansão da forma mercadoria é ela mesma a forma da ideologia que não sobrevive sem um discurso acobertador.

A mundialização é uma narrativa, mas acoberta esse fato como se ela fosse uma condição natural, existindo independentemente de um texto. O objetivo é justamente monopolizar a ideia de mundo e impedir outras propostas, o que se faz com a circulação de textos que criam a atmosfera de unicidade do mundo atual, cuja distopia foi naturalizada.

O projeto de mundialização capitalista e patriarcal não deixa nada de fora. A mundialização econômica é uma forma de fundamentalismo[64] organizada como sistema simbólico, linguístico e narrativo. Na lógica do sistema, a ideia de que é possível um mundo melhor do que o mundo capitalista e patriarcal deve ser impedida de avançar. As massas deixariam de ser massas se fossem libertas da hipnose global.

Mundo pode ser definido como tudo o que existe. Contudo, esse conjunto abstrato se torna mais inteligível com o uso de termos hermenêuticos, quando nos lembramos da ideia de mundo como linguagem e a codificação do mundo como narrativa. Ou seja, quando se percebe que mundo é o que pode ser

---

[64] Eduardo Grüner, "La Tragedia, o el fundamento perdido de lo político", 2002, pp. 13-50. Segundo Grüner, a mundialização pode ser dos mercados financeiros, da circulação de mercadorias, da informação e dos meios de comunicação de massas, até mesmo das lógicas produtivas, mas não há mundialização da força de trabalho. O capitalismo mundial, quase que por definição, precisa manter cotas diferentes de extração de mais-valia e de "intercâmbio desigual" de custos laborais e suas diferentes regiões. *Ver também* Samir Amin, *Capitalismo, imperialismo, mundialización*, 2008.

compreendido.[65] Nessa perspectiva, a dominação do mundo é a dominação da linguagem. A violência e o poder garantem a dominação como uma questão epistemológica, gnosiológica e metodológica. O que está em jogo é a orientação do espírito no sentido weberiano desse termo, ou seja, de um sistema de valores que orienta a ação.

Repetida sem maiores explicações, a palavra globalização se tornou um termo hipnótico na ordem do discurso capitalista, essencial aos jogos do psicopoder (do cálculo que o poder faz sobre o que as pessoas sentem, pensam, acreditam, desejam e fazem). Ao mesmo tempo, os discursos sobre alternativas ao capitalismo como sistema ideológico, simbólico e econômico foram sendo tratados como insanidade, absurdo, nonsense, loucura, delírio, sempre para combater ideias consideradas perigosas.

A globalização, então, de um ponto de vista crítico, aponta para uma hipnose global pelo patriarcapitalismo. De fato, o PRCC é, ele mesmo, um sistema

---
65 Hans-Georg Gadamer, *op. cit.*

hipnótico que utiliza jogos retóricos para sustentar o transe dos corpos dos quais ele depende para se manter. Trata-se, nesse caso, de uma teologia-economia, cujo timbre é fundamentalista. Não é por acaso que as igrejas que estão em busca de lucro crescem como seitas no PRCC, pois ele mesmo é um regime simbólica, linguística e narrativamente preparado, que funciona como um sistema de reprodução de delírio e mania, ideias fixas e fanatismo em um arranjo programático.

Na prática discursiva diária, a mundialização avança colocando-se como metanarrativa, cujo objetivo é apagar seu caráter inventado e, assim, garantir-se no lugar estratégico do poder, o lugar ocupado pela "ideia de verdade". Ora, o objetivo da ideia de mundialização é justamente monopolizar a ideia de mundo e impedir outras propostas. É preciso compreender o jogo narrativo do poder se pretendemos ir além dele.

A globalização é, ela mesma, um elemento fundamental do código distópico. Ela é uma das palavras-chave, uma das palavras-código que permitem acionar a adesão subjetiva aos processos objetivos na produção de mundo como programa predefinido. A globalização seria a forma universal de uma prototipificação que se pode controlar. Seria a efetivação em escala macroestrutural de um protótipo previamente criado. Esse protótipo "global" é como uma peça de design que deve ser universalizada.

PARQUE-TEMATIZAÇÃO COMO MERCADO DA MIMETIZAÇÃO

A parque-tematização do mundo é um fato na administração do sistema. Sem ela, o mercado não pode se vender a si mesmo. Ela age para que o mercado seja vivido como uma realidade fantástica, de forma que as pessoas consigam se mimetizar no ambiente e, assim, sentir-se aconchegadas. Os gestores do mundo devem administrar justamente a sensação de conforto físico e mental que se confunde com a sensação de sentido. Seja no shopping ou no restaurante da moda, tudo parecerá bem.

Adorno e Horkheimer já tinham percebido a função da mimese e sua diferença da projeção. Na primeira, o corpo quer se aconchegar ao mundo ambiente, o interior se ajusta ao exterior, enquanto na segunda, o interior se lança de maneira hostil sobre o exterior. A projeção torna o mundo ambiente semelhante a ela. Nas palavras dos autores: "Os impulsos que o sujeito não admite como seus e que, no entanto, lhe pertencem são atribuídos ao objecto: a vítima em potencial."[66] No fundo, o sistema confia nos algozes que ele mesmo cria para manter-se em pé. A projeção é a base de uma postura paranoica. Para o paranoico usual, dizem os autores, sua escolha não é livre, mas obedece às leis de sua doença. O sistema funciona como uma doença. O clima de alucinação e a distopia que lhe concerne fazem parte disso. Adorno e Horkheimer ainda dizem que "no fascismo, esse comportamento [o paranoico] é adotado pela política, o objeto da doença é determinado realisticamente; o sistema alucinatório torna-se a norma racional no mundo, e o desvio, a neurose".[67] O sistema se sustenta

---

66 Theodor Adorno, Max Horkheimer, *op. cit.*, 1984, p. 174.
67 *Ibidem*.

ofertando uma espécie de paranoia confortável para todos, pois ela se tornou o paradigma, o fator central idealizador, conceitográfico e grafopolítico com base no qual tudo se desenha. O fascismo – que implica a morte de muitos, de todos os inadequados e indesejáveis – se instala em cores pastel sob o *páthos* da diversão.

O indivíduo humano, essa unidade de corpo e espírito, busca evitar tudo o que lhe pareça incognoscível – evita, portanto, tudo o que possa parecer alucinação mesmo quando não se trata de outra coisa. Somente uma análise estético-política que leva em conta modos de agir dentro de alucinações codificadas permite perceber esse fenômeno.

A mercadoria-mundo ou mundo-mercadoria surge nesse contexto na forma do parque temático, cujo estereótipo é a Disneylândia. Ela é o modelo paradigmático da "mercadoria-mundo", replicada e reproduzida pelo mundo afora como forma genérica e, por assim dizer, metonímica do parque temático da Disney. Disneylândia é um molde genérico para outros mundos forjados artificialmente como "maravilhas" que permitem êxtase, alucinação, sonho, deslumbramento, fascínio. É o mundo em sua forma fetichizada que pode ser vendido. É o protótipo do mundo-mercadoria que organiza o mercado como mundo.

A Disneylândia é a forma da mercadoria-mundo, um mercado-mundo, o protótipo do shopping center, apresentada como totalidade e ofertada com um subconjunto de mercadorias na forma de um *éthos* a ser seguido. *Éthos* é uma palavra que podemos traduzir por moral, por hábito ou costume, mas que também significa "casa", um modo de ser e de se comportar, um modo de sentir e de pensar na convivência com outros. Mundos são, nesse sentido, construções dentro de uma prévia codificação ofertada como protótipo por um sistema que reduz o mundo a mercadoria e que oferece "mundos" como protótipos reprodutíveis. Se pensarmos nos termos de Bourdieu, diremos que o *habitus* se tornou capital e foi embalado para viagem.

A Disneylândia é uma fabulação que se oferece como mundo codificado. O parque temático é o cenário da fábula onde cada um pode ter a chance de viver como "consumidor" de uma experiência lúdica. O mesmo vale para o mundo das "marcas", da Coca-Cola à Apple, da Chanel à Ferrari, todas oferecem produtos com alto potencial de impacto estético e de experiência fantástica. O desejo de viver algo fantástico em termos de afetos e experiências faz parte do modo de vida humano há muito tempo, e o mercado tem trabalhado em cima dessa função "desejante" do ser humano. Essas marcas e seus objetos são mundos desenhados – são designs que criam comportamentos. O jogo de poder agora se insere no cenário da performance programada com o jogo do programa do qual o fascínio pelo design é parte.

A codificação capturou o "mundo" e as potencialidades humanas para dentro de uma jaula discursiva e imagética. A fábrica de protótipos é uma fábrica de mundos que podem ser replicados. Mundos que porventura possam existir para **além** do protótipo fabuloso da Disneylândia, de suas **imitações** ou de suas novas roupagens, serão sufocados. Diante da Disneylândia, um "outro mundo possível", não mercadológico nem mercantilizado, será anatematizado como heresia. A codificação capitalista implica a dominação estética e não deixa espaço para mais nada.

É a própria ideia de mundo em geral que se torna estreita e até sufocante, enquanto a experiência da Disneylândia se oferece como libertária. Os mundos "disneylândicos" ou "disneyfílicos", sejam cidades turísticas ou parques de diversões, shoppings centers ou lojas de departamentos, cinemas, teatros ou até mesmo livrarias, são apresentados em formas estupefacientes como universos mitomaníacos que ocultam problemas. Esses mundos tentam disfarçar contradições com uma estética do plástico e da mágica das bugigangas, playgrounds, restaurantes e serviços que vendem harmonias para esconder dor, sofrimento, abusos, assédios e injustiças trabalhistas.

O efeito de mágica é oferecido às crianças e aos adultos infantilizados. A infância, ela mesma considerada em uma única dimensão, é seduzida, "entretida", e os próprios adultos entram no processo ilusionista de uma fabulação infantil vendida como redenção, para eles e para seus filhos. A Disneylândia é a forma cínica de um "outro mundo possível" com o qual se pode sonhar (mas apenas nas férias, por uns dias). O devir disneylândia do mundo é o seu destino no capitalismo, assim como o Muro das Lamentações e a Kaaba em outras religiões monoteístas. Assim é que a ideia de um mundo se torna decisiva em um nível concreto e metafísico, técnico e mágico, estético e comportamental ao mesmo tempo, até a totalização, quando todos os rituais imagéticos se tornarão realizados sob o signo de uma realidade homogênea e plastificada.

Talvez tenha sido isso o que Adorno e Horkheimer queriam dizer com o ar de semelhança que a indústria cultural confere a todas as coisas. A indústria cultural se tornou matemática, espalhou-se por todos os lados, e a "indústria cultural do mundo" assumiu a forma de parque temático, sendo a Disneylândia o protótipo do mundo em si mesmo na era do capitalismo.

VENTRILOQUACIDADE, PRÓTESES COGNITIVAS E PRODUÇÃO DE SUBJETIVIDADE

À reprodutibilidade discursiva a ser interiorizada e repetida por corpos reduzidos a aparelhos de reprodução, podemos chamar de "ventriloquacidade". No PRCC, o ser humano é igualado aos aparelhos de difusão de discursos prévios construídos para atingir a percepção. Todos os corpos são fornidos de próteses cognitivas – televisões, computadores e celulares – e estão previamente pautados no avanço sobre a percepção. As próteses cognitivas estabelecem processos corporais-mentais e criam rituais cotidianos.

A ventriloquacidade não é só o conjunto da confusão linguística reprodutível, mas também o caos discursivo que visa a produzir esvaziamento subjetivo, cognitivo, afetivo, criando um ambiente linguístico e, por conseguinte, político. O PRCC investe na ventriloquacidade, organizando os meios de produção da linguagem para que ela funcione na reprodução e na colonização de mentes e corpos.

A colonização por aparelhos é corporal, mas também é mental e linguística. As narrativas funcionam como programas inseridos em próteses cognitivas. Narrativas não são apenas histórias que se contam como contos de fadas, romances, novelas ou, até mesmo, mitomanias particulares. O que está em questão é a produção da narrativa dominante, justamente porque, no cenário do PRCC, a dominação pela narrativa é uma tecnologia política essencial. A ventriloquacidade é a narrativa dominante que se repete performativamente de maneira falogocêntrica, ininterrupta e sem limites.

Um sistema mental-afetivo sustenta a reprodutibilidade discursiva do sistema. O conteúdo transmitido é mitomaníaco, no sentido de ser reinvenção do mito capitalista do mundo perfeito. É a mitomania teologicamente sustentada como um sistema de crenças acerca de um mundo ideal, sem falhas e que caminha na direção do progresso. Esse sistema mental-afetivo é produzido pela indústria do entretenimento. "Entreter", que vem do francês *entretenir* e do latim *tenere*, significa manter junto, trazer junto, unir; "distrair" e "divertir" são suas significações tardias. A etimologia revela um sentido oculto no entretenimento: o da atenção aprisionada.

Entretenimento é algo que implica uma captura do corpo por meio da experiência e da percepção. Seu jogo já havia sido percebido na teoria da indústria cultural, e sua função de produção de subjetividade se mantém até hoje. As fabulações mercadológicas têm a função de produzir adesão por meio de uma ilusão de aconchego. Se "toda diversão, todo abandono [de si mesmo], tem algo de mimetismo",[68] isso quer dizer que o objetivo é a adequação ao todo. A indústria do lazer promove a preguiça como mercadoria: com o conteúdo pronto ofertado o tempo todo na atmosfera

---

68 Theodor Adorno e Max Horkheimer, *op. cit.*, 1984, p. 169.

da ventriloquacidade geral, ela faz pensar que não há trabalho para o corpo e a mente. O papel do entretenimento sempre foi conservador, a emancipação ou a libertação nunca fizeram parte disso.

No entretenimento, a reprodução do conformismo é a regra. Assim, o filme mais distópico é capaz de apresentar contradições sociais e econômicas, sem, contudo, promover análise e crítica. Nada que leve à transformação social será um direito do indivíduo. Ao contrário, a tendência é que os conteúdos apresentados nas telas, sem mediações conceituais, simplesmente paralisem os espectadores. Os produtos do entretenimento lançados pela indústria cultural produzem o conformismo adequado à manutenção do sistema.

A narratividade ininterrupta é moldada conforme necessidades e transmitida pelo mundo do entretenimento, o novo ópio do povo, encarregado de naturalizar a vida, enquanto, ao mesmo tempo, se posiciona no lugar da arte e do lazer. A metáfora do livro da natureza ou do livro do mundo[69] pode

---

69 Ernst Robert Curtius, *Literatura europeia e Idade Média latina*, 1996, p. 332.

ser reeditada aqui. Sendo que o livro do mundo hoje se assemelha mais ao livro de areia de Jorge Luis Borges, no qual o conteúdo escapa. Ou seja, no sistema cacotópico, as informações se perdem na reprodutibilidade infinita e já não dizem nada. O consumismo linguístico é a regra. A imagem de um pântano desinformativo no qual estamos presos em meio ao delírio e às mentiras generalizadas, consentidas e até mesmo aplaudidas é adequada para explicar o nosso tempo.

Procuramos grãos de verdade, enquanto agentes do PRCC se colocam na posição de únicos editores do livro do mundo. A guerra pelo monopólio da narrativa faz parte da sociedade letrada ou meramente alfabetizada na era do espetáculo. Enquanto os senhores produzem textos, os escravos os repetem. É a dialética digital dos senhores das grandes corporações que administram a internet e de seus escravos voluntários que foram sequestrados e traídos quando se posicionaram como meros usuários.

A alfabetização digital e o domínio das comunidades espectrais nas redes sociais conduzem a sociedade humana a uma nova forma de textualidade que é acompanhada de uma glossolalia cansativa para quem busca sentido, mas confortável para os ouvidos que se acostumam à regressão auditiva e mental, linguística e estética. Essa nova forma é decorativa e vazia de conteúdo. Os fios da sua trama são os clichês. O que Kojève[70] entendeu como sendo o esnobismo dos rituais japoneses que vieram a explicar o funcionamento do mundo, caracterizados pela repetição vazia de gestos, tornou-se um esnobismo linguístico.

Discursos vazios de conteúdo – e mesmo assim falados repetitivamente e sem cessar – caracterizam a ventriloquacidade do mundo feita de clichês e modas controladas por uma polícia do texto que busca evitar aprofundamento a qualquer custo. É sempre o pensamento crítico e reflexivo, que depende da linguagem nas suas mais variadas formas e modalidades, o que precisa ser impedido para garantir a dominação dos indivíduos e das populações. A en-

---

70 Alexandre Kojève, *Introdução à filosofia de Hegel*, 2002.

tropia subjetiva é ao que se visa mantendo os corpos entretidos diante das telas.

Se a produção da subjetividade, que é fundamental em todo o sistema de produção do capitalismo, implica a dessubjetivação pelo esvaziamento do pensamento, do sentimento, da crença e da ação, surge uma paradoxal "subjetivação pela dessubjetivação". O desejável é não pensar, quando na verdade o desejo de não pensar é a interrupção de todo o desejo. A servidão deve impedir o surgimento do desejo como movimento rumo ao outro, à alteridade, que se torna temida e objeto de desejos de aniquilação interiorizados por indivíduos em razão de sua potencial ameaça ao sistema.

O indivíduo humano transformado em espantalho reproduz a ventriloquacidade do sistema como se estivesse livre para não ser livre. O paradoxo da servidão voluntária é construído a cada dia num movimento anamórfico em que formar uma imagem verdadeira é impossível.[71] A confusão e o caos

---

71 Jurgis Baltrusaitis, *Anamorphoses – Les perspectives dépravées*, 1996.

são interiorizados como regras, assumidos como naturais e, por isso, soam como organizados. É a naturalização da crise.[72] Ela faz parte do caos discursivo no qual desinformação e hiperinformatividade (infodemia) tomaram o lugar de qualquer coisa que um dia pudesse ter sido chamada de "verdade".

A instância discursiva, composta de ideias e conceitos previamente administrados a serviço do sistema, define a forma do controle que deve ser difundido e distribuído de maneira ventríloqua, numa espécie de ressonância generalizada de ideias prontas que inviabilizam a imaginação. Palavras de ordem, clichês e frases feitas devem ser repetidos à exaustão para a sustentação do sistema. Para serem repetidos devem ser interiorizados por indivíduos capazes de os repetir.

Para que uma pessoa se torne um "replicante" do sistema, é preciso interromper o seu processo de pensamento, algo que se alcança com a dominação

---

72 Mark Fisher, *Capitalist Realism: Is There No Alternative?*, 2009.

mental, por meio de esvaziamento e substituição de esquematismos mentais, ou seja, da administração das categorias que fazem parte da linguagem, e do pensamento, e dos objetos e fatos da realidade. A colonização do imaginário é um fato, e a destruição da esfera simbólica é outro.

A ideia de mundo é oferecida como conteúdo e forma que preenche o vazio produzido pelos meios de produção da subjetividade. O vazio produzido pelo PRCC deve ser liberado de seu conteúdo e parecer um lugar completo. Esvazia-se o sujeito do pensamento e da reflexão. Transformado em espantalho do sistema, ele é situado no sistema como uma peça, um ator num programa prévio com a programação afetiva garantida. O sujeito não precisa saber "onde" está, mas deve ter a impressão de que habita o melhor dos mundos possíveis.

Os conceitos de otimismo e pessimismo precisam ser analisados, pois também esse binômio continua sendo manipulado no jogo retórico do PRCC. Como boneco, o espantalho é a figura que repete a ventriloquacidade do mundo. No devir espantalho do mundo, a decoração é o maior valor, assim corpos e espaços são decorados, e as falas, sejam ideias, sejam mandamentos morais e políticos, devem ser repetidas como padrões.

"Palha linguística" é o nome que se pode dar aos restolhos de linguagem usados para "forrar" e preencher a subjetividade. Trata-se da linguagem que deve ser consumida, cuja função é preencher, fartar e sustentar o estado de êxtase em que cada um se encontra – e sem o qual não é possível se jogar de corpo e alma na massa fagocitante configurada pelo sistema.

No jargão das redes sociais, fala-se em "viralização". A validade social da metáfora biológica se refere à propagação de peças ou artefatos de comunicação digital portadores de ideias resumidas e condensadas para instaurar uma verdade, mesmo que seu conteúdo não seja verdadeiro. O reino das manchetes, slogans e frases feitas amplia seus limites a cada dia. Nesse contexto, a ventriloquacidade é o enlace entre oralidade e escritura que alimenta o sistema e mantém a todos em uma órbita como insetos girando em torno de uma luz que nada quer dizer.

UMA CONCLUSÃO PROVISÓRIA: O PARADOXO ADMINISTRADO E SUA SUPERAÇÃO

O PRCC, como sistema de produção da destruição, opera na administração e no aprofundamento de seu paradoxo (a produção da destruição significa também destruição como produção), destruindo, antes de mais nada, a imaginação como caminho para solucionar problemas e imaginar alternativas. O sequestro da imaginação promove e garante o terror e, assim, evita que ela, como faculdade de construir mundos, realize o seu impulso emancipatório. O sistema administra o sofrimento, sequestra a imaginação e destrói a materialidade – seja o meio ambiente, sejam os corpos pelo trabalho e pela violência –, atuando também pela sedução e pela adulação para conflagrar os aspectos que permitem que ele se instaure como um mundo no qual habitar.

O mundo capitalista oculta seu caráter panglossiano, colocando-se no lugar do melhor dos mundos. Isso só é possível em função do arranjo alucinatório que coloniza o território mental e afetivo onde a imaginação deveria fazer seus movimentos e transforma cada um em um Cândido, o ingênuo personagem de Voltaire, sujeito a adorar ideias estapafúrdias apenas porque é preciso repetir o que diz o guru, mesmo que ele seja um líder intelectual, religioso ou político fascista. O Cândido voltairiano era uma imagem da ignorância dócil e de boa-fé que deu lugar ao fascista em potencial que vive para gozar de um ódio compartilhado massivamente no mundo totalitário que ele acredita ser o melhor.

Se o capitalismo é uma guerra contra a utopia que nos leva à distopia, ele é, ao mesmo tempo, uma "mitomania", ou seja, uma narrativa fantástica e maravilhosa sobre algo que, na realidade, é um sistema de terror material e psicológico que sobrecarrega os corpos de sofrimento, estejam ou não esses corpos docilizados e a seu serviço. As distopias cinematográficas e literárias que o denunciam, na verdade, podem fazer que ele pareça mais natural.

O sistema de sofrimento que o mundo capitalista é deve convencer a todos que é o melhor dos mundos possíveis, mesmo que as violências econômica, simbólica e física sejam o seu método de sustentação. Como vimos, a codificação distópica é o arranjo subjetivo e objetivo, simbólico e material imposto como verdade absoluta. Ela envolve uma estética, uma moral, uma economia e uma política da desigualdade social que coloca uns na posição de ricos e outros na posição de pobres – e, no limite, super-ricos contra miseráveis e famintos. Do mesmo modo, essa codificação estabelece que mulheres são secundárias em relação a homens, que negros são inferiores a brancos, que pessoas com deficiência são inferiores às sem deficiência, assim como estrangeiros em relação a cidadãos nacionais, desde que estes sejam brancos e ricos. A estética da branquitude domina a cena, como a estética cisgênera e a estética do plástico. A vigência dessa codificação precisa ser superada.

E se trata de uma cena: o mundo do PRCC é todo uma cena teatral, uma performance, em que todos são convocados à figuração, em que super-ricos gozam perversamente com a distinção social cujas provas estão no mundo da aparência, no âmbito estético. Esse mundo patrirracialcapacitalista visa ao monopólio da ideia de mundo que só pode ser enfrentado pela visão democrática da imaginação criadora de mundos. Se a codificação patriarcapitalista, construída com intenções hegemônicas, alcançou uma posição hegemônica e naturalizante, muitos outros mundos devem poder ser construídos para além de toda naturalização.

Se vivemos uma encenação, há, certamente, um cenário. E este cenário é o do parque temático. A estética do capitalismo dita as regras do poder, a prova disso é que começa a ser imitada como forma de vida e parâmetro da felicidade. Esse código distópico que se resume numa espécie de "disneylandização", ou "disneyficação", do mundo aciona e mantém um regime de pensamento e de (in)sensibilidade envolvendo aquele mesmo imaginário em que o plástico, o silicone, o vidro, o metal e produtos sintéticos em geral criam a estética da tecnologia e da ausência da natureza como uma forma de capitalismo decorativo. A natureza desaparece e é retomada como plástico. Sejam os lábios carnudos das mulheres, sejam as folhagens de plástico nas salas de estar dos lares burgueses e dos shopping centers, tudo está a serviço do preenchimento, da decoração e da falsificação. Tudo isso faz parte do código distópico que aciona o horror e, ao mesmo tempo, o conserva. O horror é o próprio plástico.

O arranjo patriarcal-racista-capitalista-capacitista (PRCC) que toma conta do mundo é uma rede de alianças nefastas, é uma frente de batalha contra a vida humana e de outras espécies – em resumo, contra o planeta como sistema-símbolo da vida.

Tal arranjo visa ao monopólio de violência replicante e incessante, em seu esforço de atingir todos os espaços e definir o metabolismo social, institucional, subjetivo, corporal e mental de todos. Ele é, de fato, um sistema natural-cultural e, ao mesmo tempo, uma forma de governo "falocrática", mas também "falológica" e/ou "falogológica", ou falocêntrica e falogocêntrica. Trata-se de uma espécie de regência epistemológica que se pretende total, pela qual se estabelece que a verdade do mundo – a informação que rege o movimento do sistema – está toda contida no psicopoder e no psicoativismo patriarcal, ele mesmo um programa administrado pelos sujeitos dos privilégios.

Ao afirmar que o PRCC é um programa, quero dizer que ele vai muito além do sistema simbólico, intelectual e prático que, sem dúvida, é. O PRCC é um fundamentalismo, um terrorismo e um totalitarismo cujas leis são interiorizadas pelos corpos que ele precisa oprimir para se manter. O PRCC é programado por imagens, ou seja, por superfícies que são telas para o suporte de informação. Uma informatividade mutuamente gerada entre opressões permite entender a junção teratológica que ele é.

Esse programa se sustenta na criação de textualidades, em fazer da própria linguagem uma arma da violência na qual as palavras e o pensamento são instrumentalizados a serviço da manutenção do sistema. Esse sistema, por sua vez, é entrópico, ou seja, ele busca sempre voltar ao seu grau zero, o que só é possível se a informação que ele lança sobre corpos garantir que eles não desconfigurem a força lançada pela informação original. Nesse sentido, o patriarcado é um programa autogerador da própria informação. E é essa informação que precisa ser desmontada.

PARTE 2

CÓDIGOS UTÓPICOS

O SUCESSO DO FIM DA UTOPIA OU O PODER DE UMA NARRATIVA

O pessimismo em relação à superação do capitalismo se tornou convencional. De fato, o pessimismo é lógico quando se constata que não haverá justiça para os que foram injustiçados pelo PRCC. Quando Walter Benjamin falava que não haveria justiça para os mortos, ele já estava antecipando o caráter necrófilo do capitalismo. Ao mesmo tempo, o pessimismo demanda uma ética, ou seja, um comportamento com base em um princípio, o valor do impossível que ampara o niilismo como código, como nova gramática da cultura.[1]

---

1 Franca D'Agostini, *Lógica do niilismo: dialética, diferença, recursividade*, 2002.

O pessimismo moral se torna um tom e, nesse sentido, uma estética. O pessimismo estético precisa ser substituído por uma ética da imaginação política que não deve, por sua vez, ser confundida com otimismo. O pessimismo é a verdade que pede socorro à imaginação e, nesse ponto, é preciso falar de utopia.

Compreender por que o conceito de utopia vem sendo desconsiderado e desvalorizado há tanto tempo, como e por que o seu fim vem sendo há muito proclamado,[2] tendo em vista o seu potencial transformador, é um objetivo mais que legítimo. Ele se torna urgente quando se trata de refletir para melhorar as condições da vida humana e não humana no planeta ameaçado pelo que Rita Segato definiu como sendo uma frente colonial-estatal-empresarial-midiática-cristã,[3] resumo do arranjo teratológico entre técnica e metafísica, violência e poder que caracteriza o PRCC.

---

[2] Russell Jacoby, *O fim da utopia: política e cultura na era da apatia*, 2001.
[3] Rita Laura Segato, "Patriarcado: del borde al centro. Disciplinamiento, territorialidad y crueldad en la fase apocalíptica del capital", 2016.

O enfraquecimento da utopia como fator da economia psicopolítica do PRCC, ela mesma uma economia linguística que afeta o sistema como um todo, visa à aniquilação do pensamento crítico e reflexivo que necessariamente questiona a produção do mundo unidimensional do mercado e o sequestro da ideia do mundo para esse fim. Acabar com a utopia significa acabar com a imaginação política e afundar a sociedade no conservadorismo, ou seja, na mera reprodução do já conhecido que deve ser aceito de maneira inquestionada para favorecer os interesses das classes exploradoras no sistema do sofrimento acumulado como capital.

O enfraquecimento da utopia tem fins retóricos e, por isso, a palavra é afastada do vocabulário vernacular por uma retórica que a modula negativamente. Andityas Matos fala de uma "dicionarização da política",[4] e podemos dizer que, nessa compilação do que é aceito, a utopia não apenas ocupa um lugar negativo, como segue rumo ao apagamento.

---
4 Andityas S. de Moura Costa Matos, *A an-arquia que vem: fragmentos de um dicionário de política radical*, 2022.

O objetivo desse apagamento é favorecer a manutenção do sistema PRCC em seu projeto de autoescamoteamento. A extinção da espécie humana avança, e a prova disso é a luta pela sobrevivência na qual estão lançadas as massas. Vê-se a ascensão da extrema-direita na direção dos Estados, mas também na do mundo da vida, com o familismo, a heterossexualidade homofóbica e transfóbica, o racismo crescente, a aporofobia – o ódio aos pobres – e a xenofobia – o ódio aos estrangeiros e povos não brancos. O fim da utopia não favorece a prática revolucionária; ao contrário, é o conservadorismo, totalmente antiutópico, o que avança. Cacotópico, o conservadorismo produz a cada dia um mundo mais e mais danificado e destruído. Ele é antipreservacionista, ou seja, antiecológico em relação à sociedade e ao meio ambiente, duas instâncias que não deveriam ser separadas.

A noção de "fim das grandes narrativas",[5] ou metanarrativas, que estabeleceriam o sentido de

---

5 Jean-François Lyotard, *A condição pós-moderna*, 2009.

todas as outras, trouxe clareza sobre a disputa do conhecimento como poder e dos narradores como agentes do poder nos processos de contar histórias, propor interpretações, diagnósticos e prognósticos. Foucault foi quem percebeu os jogos de poder na ordem do discurso, mas foi Jean-François Lyotard quem sugeriu o fim da época "moderna" e o advento do pós-modernismo, que de modo algum resultou consensual. Isso ficou evidente depois que Bruno Latour sugeriu que "jamais fomos modernos",[6] ou seja, que os parâmetros do que se convencionou chamar de modernidade jamais puderam ser realizados, porque vivemos mais num emaranhado confuso dentro de redes, sedentos por explicação, do que numa passagem de tempo contínua que nos trouxe da antiguidade à modernidade ou ao seu fim, a pós-modernidade.

Assim como aconteceu com o fim da história e o fim da arte, da religião, do Estado, do amor

---

6 Bruno Latour, *Jamais fomos modernos: ensaio de antropologia simétrica*, 1994.

romântico ou do mundo nas crenças milenaristas, o fim da utopia nunca foi um fim definitivo. Fim quer dizer ponto de não retorno. Sua relativização leva a pensar numa espécie de moda teórica que vale tanto pelo excesso de brilho espetaculoso quanto pela falta de consistência. Assim como aconteceu com o fim da arte bela, do qual falava Hegel,[7] e com o fim da história, do qual falava Kojève,[8] o fim da utopia fez sucesso em função de seu poder narrativo. Ele foi moda pós-moderna, mas principalmente entre os críticos do socialismo soviético, cujo fim foi celebrado erroneamente como o fim da filosofia de Marx, por quem antipatizou ou cuja hermenêutica simplesmente não entendeu. Fredric Jameson[9] comentava que a utopia era uma questão política e que esse era um destino inusual para uma forma literária. De fato, Thomas Morus, ao criar a narrativa

---

7 George Wilhelm Friedrich Hegel, *Vorlesungen über die Ästhetik. Erster und zweiter Teil*, 2008.
8 Alexandre Kojève, *Introdução à filosofia de Hegel*, 2002.
9 Fredric Jameson, *Archaeologies of the Future: The Desire Called Utopia and Other Science Fictions*, 2005.

sobre um lugar que não existe,[10] ajudou a liberar a imaginação numa direção indesejada pelos donos do poder que calculam sobre a vida, sobre a morte e também sobre o que se pensa, o que se sente, o que se acredita e o que se imagina.

Mesmo teóricos bem pessimistas se perguntaram se era possível viver sem utopias e deixaram uma porta aberta para que ela voltasse, inseguros de seus vaticínios sobre o mundo, que foram se tornando meros slogans publicitários estampados na capa de livros da indústria cultural.

De fato, a utopia volta como um espectro, mas seu nome já não é "comunismo", como alguns acreditaram no passado, embora os discursos da extrema-direita mundial ainda tentem reeditá-lo como palavra apavorante no plano retórico do psicopoder, ampliando o termo para todas as frentes de resistência ao autoritarismo. Essas seriam todos os movimentos em defesa da democracia, do feminismo ao ecologismo, do antirracismo à luta das pessoas com

---

10 Thomas Morus, *Utopia*, 2022 [1516].

deficiência, ou das pessoas sem papéis, sem terra ou sem teto. Todos são representações das forças e movimentos que, confrontando o PRCC, despertam a sua ira e seu desejo de matar.

Incorporando as demandas das políticas do "comum", a práxis que devemos construir desmonta de maneira interseccional e revolucionária o PRCC. Para isso, é preciso limpar o terreno do terrorismo distópico que ocupa o espaço mental e afetivo e liberar a imaginação política.

O SEQUESTRO DA IDEIA DE MUNDO SEGUIDO DO SEQUESTRO DA UTOPIA

A utopia é um conceito histórico que conecta passado, presente e futuro idealizados.[11] Ao mesmo tempo, é tanto criação simbólica quanto operador político. Se as narrativas utópicas nascem de uma necessidade política de mudança social,[12] sua extinção significa silenciar o desejo de uma vida melhor.

---
11 Gregory Claeys, *Utopia: a história de uma ideia*, 2013.
12 Eduardo Marks de Marques, "From Utopian Hope to Dystopian Despair: Late Capitalism, Transhumanism and the Immanence of Marxist Thought in Contemporary Dystopian Novels", 2014, p. 258.

O capitalismo sequestra a utopia e se oferece como sua realização. A utopia não teria sido sequestrada se não tivesse importância na produção da subjetividade (do pensamento e da ação de cada indivíduo), cujo controle é necessário para a manutenção do sistema. O desejo de "um outro mundo possível" vem sendo anatematizado porque ele atrapalha o funcionamento do capitalismo totalitário, que se coloca no lugar da metafísica ideia de mundo.

A domesticação e a capitalização da utopia correspondem à sua "disneyficação". Transformada em fábula, ela é apagada e invisibilizada no seu potencial revolucionário. Se o enriquecimento é o novo *wishful thinking* de trabalhadores precarizados, a alienação evoluiu para outro nível à medida que a adulação produziu uma consciência falsa.

A utopia foi sequestrada, assim como a ideia de mundo foi enclausurada na retórica da globalização que tomou conta da esfera pública. Desde os anos 90 do século XX se fala em globalização com tanta naturalidade quanto se demoniza a palavra utopia. Sobrecarregada de preconceitos em um processo de desqualificação histórico, a utopia que surgiu na literatura e logo migrou para a política, em decorrência do impulso emancipatório que lhe é inerente, desapareceu da esfera pública e do campo do imaginário, dando lugar às distopias que hoje dominam o cenário ficcional e político.

O desaparecimento da utopia é concomitante ao avanço atual da distopia. Ele serve justamente para naturalizar a distopia concreta experimentada coletivamente desde o avanço do capitalismo e da mística do consumismo que lhe é consubstancial.

A distopia representa hoje o que um dia foram "tempos sombrios" ou "anos de chumbo", com a tensão social e política que se estendeu por diversos países no século XX. Mas ela assumiu cada vez mais a feição do mundo destruído. Em pleno século XXI, a sensação de que estamos vivendo em um mundo invertido, em um pesadelo, se torna a cada dia mais comum. A impressão de que não há escapatória, de que não há alternativa ao sofrimento atual, também se torna algo regular. A produção do mundo atual como um pesadelo visa à dominação psicopolítica que já fazia parte da colonização.

O que Silvia Cusicanqui definiu como sendo o *mundo al revés*[13] o estupor vivido pelos povos indígenas quando ocorreu a invasão do território onde viviam – heterodenominado "América" pelos europeus e hoje chamado pelos povos andinos de Abya Yala –, faz parte dessa história afetiva e sentimental em que o pesadelo impera. Abya Yala é uma resposta à distopia naturalizada que foi a colonização, cuja herança partilhamos até hoje. Todo o esforço de uma pensadora ativista como Cusicanqui foi reconstruir sua comunidade destruída de indígenas aimarás e outros povos andinos na Bolívia do começo deste século, a partir das histórias do passado, dos exemplos de heróis e revoltas vividas pelos povos. O que Cusicanqui nos ensina é que a

---

13 Silvia Rivera Cusicanqui, *Ch'ixinakax utxiwa: una reflexión sobre prácticas y discursos descolonizadores*, 2010.

construção de um mundo depois da catástrofe depende da capacidade de pensar e elaborar o que foi vivido, criando unidade de luta com base em uma identidade recuperada. O papel da memória nesse processo é fundamental.

UM OUTRO MUNDO POSSÍVEL OU COMO O PRCC SERÁ SUPERADO POR ALTERNATIVAS CRIATIVAS

Mundo é uma ideia e, ao mesmo tempo, a imagem da totalidade na qual foram subsumidas individualidades e particularidades humanas e não humanas. O velho paradigma da busca pessoal por um lugar no mundo para viver a experiência humana com bases existenciais foi lançado por terra, mas se pode sempre comprar esse lugar. O passe à classe social, assim como o passe ao clube ou o ingresso ao parque temático, explica a redução da ideia de mundo e, assim, a miséria da experiência de mundo em nossos dias.

Com uma longa história no pensamento metafísico, cuja função sempre foi estabelecer a ideologia dominante que culmina no PRCC, a ideia de mundo como imagem da totalidade foi criada para garantir o poder. A partir da noção de mundo, ciências foram criadas, artes foram inventadas, religiões, políticas, éticas e estéticas foram estabelecidas como confirmações do mundo criado.

No capitalismo, a mercadoria-mundo veio a ser ofertada como um estilo de vida, o que sempre foi oferecido pelos reis e príncipes, pelas classes dominantes e pela Igreja Católica. O capitalismo se tornou a nova religião,[14] com uma teologia própria, que jamais admitiu a diferença. Seu projeto, portanto, sempre teve a intenção de imprimir sua marca no mundo, dando uma identidade ao sistema, sem nunca se nomear identidade, pois, desde o começo, precisava escamotear o próprio jogo e inviabilizar alternativas.

Na expressão "um outro mundo possível" entram em cena dois aspectos que vêm prejudicar a

---
14 Walter Benjamin, *O capitalismo como religião*, 2015.

ideia prévia de mundo como totalidade e a ideia de globalização ou mundialização. Tais aspectos são a ideia de alteridade, presente na partícula "outro mundo", e a ideia de "possibilidade", que implica a esfera do sonho e da imaginação e remete à complexa e problemática forma narrativa da utopia, que é esvaziada de sentido ou neutralizada pela ideologia do PRCC.

"Um outro mundo possível" é, portanto, uma frase provocativa em relação à noção de unidimensionalidade do mundo no PRCC. Alteridade e possibilidade soam como afrontas em um contexto de neoliberalismo feroz. Considerando que a possibilidade envolve a potencialidade, o perigo se faz maior. A imaginação ccmo faculdade proibida e demonizada pelo sistema PRCC é convocada a agir. Ao sugerir uma outra "possibilidade", um "outro mundo possível" entra em choque com a ideia de um mundo como totalidade. O mundo da moda e seus equivalentes (da culinária, do vinho, do perfume, dos carros, do turismo etc.), como "mundos" do mercado-mundo, estão todos integrados à sua totalidade, à globalização. Trata-se, na verdade, de "submundos" que não estão em disputa, ao contrário, são mundos que a ideia de "globalização" reúne sistematicamente no seu imenso cenário distópico.

O capitalismo somente poderá ser superado por alternativas criativas, e não por uma quimérica autodestruição que aconteceria, quiçá, posteriormente à destruição do planeta inteiro. Marxistas, como Istvan Mészáros,[15] tentaram colocar a questão acerca da desmontagem do capitalismo, mas sempre esbarraram na sua incorrigibilidade e incontestabilidade como regulador do metabolismo social e produtivo. Esses autores, no entanto, não perceberam que o capitalismo participa de um jogo complexo com outras frentes de opressão. Tampouco perceberam o caráter linguístico ou simbólico do sistema econômico codificado. Portanto, desmontar a lógica do capitalismo não seria possível, pois é preciso enfrentá-lo como sistema organizado de informação. Desse modo, é inútil buscar desmontar a lógica do

---

15 Istvan Mészáros, *Para além do capital*, 2002.

capitalismo. Antes, é preciso decodificar o PRCC, compreender seu processo de impressão em nossos corpos. O processo de submissão é levado a cabo por meio de um programa de humilhação[16] que passa pelo massacre emocional diário e por uma política de choque linguístico e sensorial torturante.

Antonio Negri percebe que "os elementos que determinam o desequilíbrio do comando capitalista são a insubordinação, a sabotagem, a *jacquerie* industrial, as exigências de renda básica, a libertação e organização do trabalho intelectual da multidão"[17] e lança a questão da "singularidade" para além da identidade, que, segundo ele, é o "veículo primordial de luta dentro da república da propriedade e contra ela".[18] Com isso, busca uma saída da falsa polêmica do identitarismo, tendo em vista o que já foi percebido por muita gente: que a identidade hegemônica

---

16 Marcia Tiburi, *Complexo de vira-lata: análise da humilhação colonial*, 2021.
17 Antonio Negri, Michael Hardt, *Bem-estar comum*, 2016, pp. 350-351.
18 *Ibidem*, p. 356.

ocultou as desigualdades e opressões de grupos que assumiram "identidades" como emblema de luta. Essa identidade hegemônica precisa ser superada em nome de uma democracia radical. Todas as atitudes que se encaminham para a democracia radical restringem o espaço do PRCC e sofrem sua reação.

A presença e a ação dos dissidentes da economia estético-política no processo decisório de construção da sociedade colocam em movimento a produção de outro mundo possível. Portanto, a utopia sobre a qual devemos refletir hoje pouco tem a ver com as imagens de um mundo idealizado ou ficcionalizado, mas com o encontro com a real potência dos corpos, com a vida concreta livre da violência. Trata-se de ter a imaginação em aberto, contra as imagens estanques de um mundo ordenado no qual se viver.

A LIBERTAÇÃO DA IMAGINAÇÃO COMO CAMINHO PARA A DEMOCRACIA RADICAL

Se a naturalização da distopia acompanha a destruição da utopia, não é por simples mudança de perspectiva, nem apenas porque se substitui algo como um otimismo utópico por um pessimismo distópico. Por trás desse movimento, há uma metamorfose na cultura em geral e na cultura política em particular. Trata-se da destruição da imaginação, que é concomitante à destruição da política, algo típico de tempos fascistas.[19]

---

19 Como tentei mostrar, nos últimos anos, em diversos trabalhos que partiram de uma filosofia da cultura brasileira, de uma etnologia do fascismo e dos processos de subjetivação

O jogo de linguagem do fascismo é a guerra perpetrada pelo capitalismo – como guerra cultural e, bem antes, como guerra da indústria cultural[20] em aliança com uma determinada ordem do discurso,[21] contra a imaginação e a política e, sobretudo, contra a imaginação política à qual a utopia é consubstancial. A imaginação política sempre foi utópica, e podemos dizer que, em um sentido pleno, a utopia é, ela mesma, imaginação política. Portanto, a demonização da utopia se dá com objetivos pragmáticos de manutenção de um pensamento único e hegemônico que em tudo é antirreflexivo e favorável à sustentação do capitalismo, experimentado diariamente como terror.

A imaginação política é a força estético-política que possibilita a utopia de uma democracia radical,[22]

---

e de psicopoder que instauraram o jogo de linguagem do fascismo atual, guerra explícita contra o mundo.
20 Theodor Adorno, Max Horkheimer, *Dialética do esclarecimento*, 1984.
21 Michel Foucault, *A ordem do discurso*, 1999.
22 Chantal Mouffe, *The Democratic Paradox*, 2000; Ernesto Laclau, *A razão populista*, 2013; Ernesto Laclau, Chantal Mouffe. *Hegemonia e estratégia socialista: por uma política democrática radical*, 2015.

evolução de uma "democracia socialista",[23] construída por aqueles que o poder tenta destruir, inclusive os que fazem o coro "democratofóbico", o coro do ódio à democracia tão bem descrito por Jacques Rancière.[24]

O jogo de poder é sempre um jogo de linguagem. Hoje, podemos falar do jogo envolvendo indústria cultural e ordem do discurso resumido sob a expressão "imaginação colonizada". Nesse cenário, uma filosofia da libertação poderia ser a da libertação da imaginação e da capacidade de construir utopias, ou seja, de construir mundos possíveis que levem a sério o desejo de democracia, que em tudo é antiautoritário.

A consciência de que a imaginação é política e de que a política é uma questão de imaginação[25] é

---

23 Michael Löwy, "Negatividad y utopía del movimiento altermundista", 2007, p. 47.
24 Jacques Rancière, *O ódio à democracia*, 2014.
25 Em uma entrevista, Rancière resume um aspecto importante referente ao tópico da "imaginação no poder", lema de maio de 68 que apareceu pichado nas ruas de Paris. "A imaginação é o poder de criar formas, e a política é um assunto de imaginação. A maneira como se ocupa uma rua, uma universidade, uma fábrica, cada vez é um novo desafio, e não só invenções ou fantasias. A imaginação entra em ação para

crucial para a sobrevivência da espécie que, num ato de imaginação, inventou o conhecimento no planeta Terra. A mesma espécie, inclusive, que vem acabando com a vida de muitas outras e com as condições da vida em geral, inclusive a própria, nesse mesmo planeta. Domesticando a imaginação como um todo e, especificamente, a imaginação política, acaba-se com a chance de construir o imaginário de uma vida melhor e mais digna. A barbárie tornou-se o imaginário desfigurado desse tempo marcado pelo consumismo, pelo conservadorismo, pelo hedonismo e pelo narcisismo – como se fossem uma alegria pura que deve ser vivida por todos. Poucos percebem que se trata de ofertas aduladoras do capitalismo, que as utiliza como promessa de felicidade, ou seja, como utopia.

---

construir, delimitar, organizar um espaço, dar outro ritmo ao tempo. É uma *faculdade estética*, o que não quer dizer que só cria poemas ou imagens, ao contrário, é necessária para encontrar novas organizações políticas." Jacques Rancière em entrevista a Melina Balcázar Moreno, publicada originalmente no site Milenio e traduzida para o português pelo Instituto Humanitas Unisinos.

Códigos utópicos | 215

Libertar a imaginação é ousar, promover transformação. Algo que só é possível com questionamento – ato a um só tempo sensível e racional. A subjetividade autônoma do indivíduo capaz de responder por suas ações e seu desejo desaparece com o fim da imaginação como processo de linguagem. Em seu lugar, surge um espantalho cognitivo, moral e estético obsedando o corpo orgânico. O velho sujeito que as filosofias pós-modernas e, algumas vezes, também pós-filosóficas lançaram no exílio é apagado por seu duplo como na famosa falácia do espantalho.[26] E, no contexto de uma ventriloqua-

---

[26] Fazer o outro dizer o que não disse, criar um personagem em cima de uma pessoa real e agir como se esse ente imaginário estivesse presente, é disso que se trata na falácia do espantalho. Baseada na criação de um duplo, é esse personagem ficcional que deve ser atacado no lugar da pessoa real. É essa pessoa, cujo corpo e cuja presença são descartados, que é transformada em um boneco num jogo de argumentos. O ônus por ter sido transformada em espantalho é totalmente da vítima. O arguidor torna-se um embusteiro no momento em que refuta a posição do duplo, ou seja, atacando uma posição que não é defendida pela pessoa real. A falácia não é simplesmente o argumento, mas toda a situação do argumento como vemos acontecer

cidade infinita, passa a repetir discursos prontos, forrado com palha linguística, os restos de pensamento e conhecimento que o sistema usa para emular uma subjetividade. A palha linguística forra o chão duro para dar conforto aos excluídos cognitivos no grande campo de concentração e extermínio da inteligência que são as redes sociais dominadas pelo fascismo digital.

Se uma vida melhor precisa ser imaginada, infelizmente a imaginação e o sujeito autônomo de que ela necessita vêm sendo sequestrados. É nesse sentido que falo em imaginação política, como imaginação emancipada dos grilhões impostos pelo sistema da opressão, que visa a dominar cada corpo e, ao mesmo tempo, o conjunto humano, pela redução do que poderia ser multidão ou povo com consciência de classe a uma massa de espantalhos.

---

com as fake news pelas quais entramos no devir espantalho na era da desinformação planificada. Assim como se coloca palha dentro de uma roupa para simular a presença de um ser humano, a falácia do espantalho surge quando palavras são colocadas na boca de alguém. Esse alguém continua ali, mas uma presença espectral vem à tona.

Não é fácil viver sob o cerco da "espantalhificação" geral quando fazer parte dele parece ser a única possibilidade. Por isso, pensar em fugir do cerco é legítimo e, mais ainda, é legítimo pensar e projetar o seu desmantelamento. O enunciado de um outro mundo possível se instaura como uma chave para a saída. Certamente, o resgate de uma ideia como essa será tratado por muita gente com o desdém que faz parte da guerra às ideias utópicas. No entanto, é na sua dimensão inusitada e na sua irreverência contra a ordem reinante que surge a sua potência como potência dos corpos insubmissos.

UMA POÉTICO-POLÍTICA
CONTRA PRISÕES DIGITAIS

Armas linguísticas podem ser usadas para escapar das prisões imaginárias que foram construídas com elas. Essas prisões, hoje, são também digitais. Nelas, os clichês e os slogans funcionam como grilhões.

Contra a linguagem do agrilhoamento, pode-se propor uma linguagem poético-política em si mesma revolucionária. A própria retórica, que fez parte da economia política em todos os tempos, sempre foi cálculo, e por isso o espaço para a poesia foi sendo encurtado com o avanço do PRCC. Palavras como utopia, revolução, solidariedade, antifascismo, anticapitalismo e democracia radical – além de tantas outras que se deslocam dos sentidos autoritariamente impostos rumo a sentidos transfiguradores do lugar-comum – compõem o que poderíamos chamar "literopolítica", a produção política do texto em contraposição ao que chamei de ventriloquacidade. O enlace entre mundo e texto define o lugar da faculdade da imaginação, entendida como possibilidade de criar perspectivas de mundo. Mais do que produção de imagens, trata-se de "maneiras de fazer mundo".[27] Essas maneiras de fazer mundo, tendo em vista suas formas política, comunitária e dialógica, podemos denominar de produção poético-política do mundo. A sua potência está em sua contraprogramaticidade. A poesia não obedece à ordem, não se faz com fórmulas. Ela implica uma outra forma de olhar para a realidade a ser transfigurada.

Odiada pelo pensamento autoritário, que se beneficia do apagamento do elo consubstancial entre linguagem e política, a poético-política amalgama sentidos. Podemos falar de prisões reais e prisões imaginárias, todas são concretas, ou seja, são vividas no nível da

---

[27] Nelson Goodman, *Ways of Worldmaking*, 1978.

experiência, e dependem de prévios aprisionamentos linguísticos. As paredes dessas prisões são construídas pelo sistema simbólico-político para impedir que se desenvolvam relações com o que está fora dos seus muros e da rigidez discursiva que alimenta moralismos sexuais, religiosos, políticos e econômicos. Todos eles, esses regramentos e ordenações, obedecem a um projeto que se sustenta esteticamente, na ordem do aparecer que esconde a poesia da própria vida.

A prisão, o edifício sem saída, é metáfora para a subjetividade em nossa época. A saída da prisão da subjetividade confinada seria justamente o movimento para a alteridade, ou seja, a "abertura ao outro",[28] que em tudo tem o ar da utopia. Acontece que uma prisão é, por definição, sem aberturas. Não há janelas para ver mais longe, nem portas para sair de seu espaço. Quando há aberturas, como na famosa imagem do "sol que nasce quadrado", elas permanecem impotentes, não se pode fazer uso delas.

---

28 Em *Tristes trópicos*, o antropólogo Claude Lévi-Strauss fala dessa característica dos povos indígenas que ele encontrou no Brasil. Eles teriam essa "abertura ao outro".

As aberturas impotentes na prisão do capital mostram a liberdade à qual não se tem direito. Hoje, diante das quadradas telas de computadores, todos vemos o sol nascer quadrado. Interiorizamos o gesto do aprisionamento ao qual nos condena o sistema como autoaprisionamento. Diante das vitrines nas cidades transformadas em shoppings centers, ou diante das vitrines virtuais, assim como diante das vitrines que são as redes sociais, cada um é convidado à prisão no espelho em que não há mais rostos, apenas máscaras.

Cada um prende e se mantém preso nas regras do consumismo virtual atual. Uma poético-política teria a chance de devolver a subjetividade às pessoas, considerando que ela pode ser um processo autopoiético, ou autocriativo, e não um processo pré-programado pelo sistema econômico-político de gênero, raça e classe, tal como é o PRCC. Como espectros a funcionar conforme as regras do dispositivo da internet e das redes sociais, busca-se a identidade plastificada nas roupas de marca e em outros hábitos de consumo que possam dar contornos a um vazio subjetivo produzido pelo esvaziamento do pensamento, da sensibilidade, da crença e da ação.

O sistema que oferece produtos é o mesmo que produz a lixiviação subjetiva que só pode ser enfrentada por uma tomada de posse sobre si mesmo. A palavra de ordem, por assim dizer, para a reconstituição da subjetividade é a mesma que os povos heterodenominados indígenas usam na luta por suas terras usurpadas. Enquanto os povos agem pela retomada de seus territórios, sujeitos de suas lutas e de sua defesa, é preciso lutar pela retomada de si.

Deixar de ser espectro demanda retomar o ser ético-político, um ser ecológico, em interação com o ambiente, a alteridade imediata e invisível devido ao seu silêncio constitutivo. Retomar o ser ético-político em relação ao outro individual é uma questão igualmente importante. A política sempre foi uma questão de alteridade humana, até que ela se apartou da ética e, com isso, passou a ser puro e simples jogo de poder. É preciso voltar à ética, como relação com o outro, humano e não humano, com o outro individual e com o espaço comum. A política precisa recuperar a relação perdida com a alteridade e, assim, realizar seu sentido originário, que era o sentido da ética: o cuidado de si como caminho para o governo dos outros.[29]

A libertação da imaginação deve levar a uma política de abertura, à alteridade individual, coletiva, ambiental e cultural. Criar essa possibilidade é uma tarefa ética a ser realizada por cada um e por todos. A imaginação e o pensamento reflexivo podem resgatar dos muros do confinamento cultural massas inteiras que ali foram lançadas sem acesso à reflexão transformadora. O dever ético de projetar a saída dessa prisão revela que é o futuro como alteridade radical e desconhecida que deve ser acolhido como objeto de reflexão, pois ele nos espera desarmado.

Para além de toda violência produzida no tempo presente, é preciso sustentar o futuro como categoria ética e política. Essa possibilidade é completamente poética, não calculista e impossível de matematizar. Resgatar o futuro para a mentalidade que não reflete sobre a morte e a finitude é um desafio certamente utópico que vale a pena encetar.

---

[29] Michel Foucault, *A hermenêutica do sujeito*, 2010, e *O governo de si e dos outros*, 2011.

A CONTRACODIFICAÇÃO UTÓPICA NA DESCONFIGURAÇÃO DO PRCC

Às codificações conservadoras e autoritárias podem ser contrapostas contracodificações não autoritárias. Os códigos utópicos são contracodificações, ou seja, são abertos em relação às codificações distópicas. Elas não são apenas o oposto daquelas que visam a desmontar. São tanto analíticas quanto projetivas e devem implicar a reconstrução da vida no planeta Terra arrasado pelo capitalismo. Não há um desenho exato da utopia, mas uma inspiração e um princípio, o de que a vida pode ser melhor.

Vimos que o sistema PRCC funciona com base em "codificações mestras" às quais todos os corpos estão submetidos. Para além da ideologia que elas de fato são, é preciso buscar o modo como elas funcionam. Nesse sentido, o operador "como" precisa ser apropriado na direção da mudança, movendo para além da perplexidade hipnotizante do sistema.

A metáfora "derrubar o capitalismo" caiu em desuso desde que alguns acreditaram que seria impossível enfrentá-lo e propor alternativas a ele. Contudo, a imagem de um monumento que se derruba, de um totem que vem ao chão, faz ainda mais sentido quando vemos uma antena de transmissão de sinais. Essa antena é o monumento de barbárie e o totem religioso do qual emana a unidade do sistema.

Hoje, fala-se em dados. A expressão "*hackear*", ou "raquear", que supõe uma invasão no sistema de informação, é muito mais apropriada e vem sendo usada para o bem e para o mal. A expressão "desprogramar" pode ser usada no lugar de "derrubar", porque exige a consciência do programa e de suas codificações. Em vez de derrubar o capitalismo, precisamos convocar a inteligência que a chamada "racionalidade ocidental" tentou destruir substituindo um mundo de imaginação e reflexão por meras astúcias de sobrevivência. Essa inteligência é luta anticapitalista como guerrilha conceitual, anti-ideológica e autorreflexiva.

A crítica é necessariamente criptoanálise, porque os conceitos se metamorfosearam em códigos cuja decodificação é urgente. Se o programa implica o cálculo, o algoritmo que movimenta os corpos humanos rumo à sua devoração, e define seus gestos e ações no contexto de uma precária ciberdemocracia, é preciso agir na contramão. Contra o patriarcado, o racismo, o capacitismo, o capitalismo, rumo a um modelo de vida feminista, social e ecologista.

Esse mundo material dividido em urbano e rural, centro e periferia, real e virtual depende de oposições costuradas pelos fios ideológicos de um totalitarismo que se oculta na retórica naturalizada. Termos como "correria", frases como "não ter tempo para nada" e o sonho abstrato do enriquecimento a qualquer custo seduzem pessoas condenadas a não pensar sobre os jogos de poder lançados sobre seus corpos enquanto seu egoísmo e narcisismo são alimentados. Raramente percebemos que nossas queixas e falas lamuriosas são sintomas de um sistema de opressão que atua mirando os nossos corpos. Do mesmo modo, o otimismo vazio segue livre como se não houvesse crítica possível nem um otimismo consistente diante da desigualdade e das injustiças produzidas.

Que a maior parte da riqueza do mundo esteja nas mãos de 1% da população enquanto a imensa maioria se esforça para sobreviver – sendo que a maior parte não tem a menor chance nessa tentativa – deve-se à lógica da morte inerente ao jogo do sistema PRCC. É nesse programa que se deve focar para desconfigurar o funcionamento do sistema da desigualdade que parece impossível de ser mudado.

Podemos dizer que alterar a lógica e reconfigurar o sentido da codificação desse sistema é o que se pode buscar. Desconfigurar a codificação é algo possível, e o primeiro passo é a análise e a crítica. Aqueles que estabeleceram aliança com o sistema são capazes de considerá-lo pejorativamente utópico, outros, que não encontram sentido na devoção ao sistema, certamente serão capazes de ver na utopia mais do que uma mera crença. As codificações utópicas precisam ser fomentadas e todas têm relação direta com a inversão da lógica atual.

CRIAÇÕES NARRATIVAS E PROJEÇÃO POLÍTICA

As criações narrativas tornam necessária uma relação fundacional com a subjetividade. Isso quer dizer que a textualidade vai muito além da relação entre leitor e texto literário. Somos feitos de textos. Textos escritos e não escritos, falados e não falados assumem validade transcendental. Nós nos mimetizamos com eles como letras perdidas em um livro infinito. O texto é um programa. A dimensão política não pode ser separada desse mundo de produtividade textual escrita e oral no qual vivemos. Há uma dimensão narrativa e uma ideológica, mas há também uma dimensão comunitária da utopia.[30] Ela cria sentido político para grupos por meio de partilha de palavras, discursos, diálogos, em textos que, na condição literal de escritura, têm o poder de programar o mundo. Se o projeto do PRCC é a criação de uma utopia ao contrário, de uma distopia para o mundo que é antecipada como ideal em cada gesto, o projeto utópico requer desmontar os códigos distópicos e pensar o contrário das distopias. Não há um modelo de mundo a oferecer, mas há que se pensar na realidade produzida com base em antecipações contrafáticas de ações que melhoram o mundo. Nesse contexto, as próprias tecnologias já não seriam inimigas, mas poderiam ser usadas para reconciliar o ser humano e a natureza da qual ele se apartou em função da técnica. Isso implica inverter o sentido da técnica, não por um ato fantasioso, mas pela imaginação da felicidade possível com o que herdamos até o presente momento.

Vivemos com as narrativas uma relação psíquica direta. Textos são escritos e publicados na forma

---

30 Lyman Tower Sargent, "The Three Faces of Utopianism Revisited", 1994, pp. 1-37.

de livros, jornais e revistas, ou surgem lidos e ditos nos palanques, nos púlpitos, nas telas de televisão, bem como nas plataformas disponíveis na internet e nas redes sociais. Vivemos em um mundo que cria narrativas e é criado por elas.

Distopia e utopia são textualidades que funcionam como pano de fundo do pensar e do fazer político, o pano de fundo ao qual toda ação retorna e se entrelaça. Nesse sentido, podemos dizer que utopia e distopia são fundamentos teóricos/imagéticos da ação política ou, em outras palavras, são patamares com base nos quais pensamos, sentimos e agimos. Somos orientados e induzidos a agir, de um modo ou de outro, sempre a partir de ordens narrativas. A ordem é um texto e um design do mundo.

A história política é uma infinita banda de Möbius na qual tragédia e comédia, ou tragédia e farsa, para voltar aos termos de Marx,[31] não cessam de se repetir. Na qual progresso e decadência, o belo e o horror intercalam-se. O mesmo acontece com distopia e utopia que, sendo formas narrativas, derivam

---

31 Karl Marx, *O 18 de brumário de Luís Bonaparte*, 2011.

de energias psicopolíticas que, de tempos em tempos vêm à tona por meio de processos de manipulação discursiva. Podemos dizer que a utopia está para a tragédia assim como a distopia para a farsa. A utopia implica uma energia fundante da política enquanto ela é abertura para a alteridade, à medida que faz parte de um universo semântico ligado à ideia do trágico como fundamento da política. O elemento utópico é ainda elemento de desejo que constitui o pensamento,[32] ou seja, é a energia de eros contra o *páthos* da morte no capitalismo. Nesse caso, a utopia é um sistema simbólico projetivo e performativo que demanda uma compreensão e uma produção de mundo que leva em conta o lugar do outro e o lugar-outro que, em certas ficções, foi objetificado e caricaturizado.

O elemento do desejo inerente ao pensamento crítico visa à utopia. Theodor Adorno apontou para a restauração da honra da palavra utopia. O livro

---

[32] Theodor Adorno, *Minima moralia*, 1992.

O espírito da utopia de Bloch[33] se tornou uma espécie de referência da filosofia adorniana. Para o autor, a utopia é uma promessa de heresia contra o conformismo positivista do pensamento aos padrões convencionais. Em sua visão, utopia não é idealismo, é antecipação contrafática de um mundo melhor. Nas palavras de Adorno,

> uma consciência que inserisse entre ela e aquilo que ela pensa um terceiro elemento, as imagens, reproduziria sem perceber o idealismo; um corpo de representações substituiria o objeto do conhecimento, e o arbítrio de tais representações é o arbítrio daqueles que mandam.[34]

Ou seja, seria uma contradição dizer qual a forma da utopia concreta, pois a utopia só se rea-

---

33 Sugiro a leitura da obra da filósofa brasileira Suzana Albornoz, que escreveu belos livros em diálogo com pensadores da utopia como Ernst Bloch. Em *Ética e utopia: ensaio sobre Ernst Bloch*, ela apresenta diversos questionamentos sobre o abandono do tema da utopia e apresenta um resumo analítico e crítico do pensamento do referido filósofo alemão.
34 Theodor Adorno, *op. cit.*, p. 176.

liza respeitando o lugar de cada um na produção de si mesma.[35]

Utopias transformadas em visões de mundo prontas e fechadas são ficções literárias, não aberturas políticas ao desejo contra a distopia generalizada. As utopias políticas são marcadas pelo impulso ao outro que é constitutivo do ato de pensar como ato do desejo do qual nascem teorias e práticas transformadoras. Em sua base, está o impulso à vida como impulso político por um mundo melhor.

---

35 "A nostalgia materialista de conceber o objeto quer o contrário: só sem imagens seria possível pensar o objeto plenamente. Uma tal ausência de imagens converge com a interdição teológica às imagens. O materialismo a seculariza na medida em que não permite que se pinte a utopia positivamente; esse é o teor de sua negatividade. Ele está de acordo com a teologia lá onde é maximamente materialista. Sua nostalgia seria a ressurreição da carne; para o idealismo, para o reino do espírito absoluto, essa nostalgia é totalmente estranha. O ponto de fuga do materialismo histórico seria a sua própria suspensão, a liberação do espírito do primado das necessidades materiais no estado de sua realização. É somente com o ímpeto corporal apaziguado que o espírito se reconciliaria e se tornaria aquilo que há muito ele não faz senão prometer, uma vez que sob o encanto das condições materiais ele recusa a satisfação das necessidades materiais." *Ibidem*.

A IMAGINAÇÃO TECNOANTROPÓFAGA

O coro anticapitalista, antipatriarcal, antirracista e anticapacitista é um coro anticolonial importante na hora de derrubar o sistema. Quando um corpo manifesta o desejo do fim da opressão, ele contagia outros corpos. O mesmo acontece com o autoritarismo, pois somos seres miméticos em eterna interação linguística. Nasce um novo sujeito, o sujeito coletivo, do grupo que se manifesta por transformação do mesmo modo que outros grupos se conformam e silenciam. A reação do sistema ao ser enfrentado é agir com mais opressão, perseguição e morte. Depois da traumática experiência da invasão – uma experiência de violência e maldade devoradora, análoga ao estupro e assassinato de mulheres e pessoas em geral –, precisamos concentrar esforços em reflexões e filosofias reparadoras. Se foi a antropofagia que nos constituiu como seres autênticos, ainda que marcados pela devoração do inimigo indigesto, evoluímos para uma imaginação que se liberta das amarras e se reconcilia com as tecnologias, usando-as como instrumentos de produção da vida. Uma utopia que seja atual não é aquela vazia, que odeia a técnica fantasiando sua extinção em um mundo melhor. É uma utopia crítica da tecnologia que resgata seus usos e a coloca no patamar que preserva a vida e as formas de viver para além dela.

A construção de um mundo em comum com a natureza ou de negação da natureza depende da construção de visões e narrativas sobre esse mundo (lembrando que *theorein*, em grego antigo, significa tanto visão quanto teoria), cabe-nos compreender seu jogo e apresentá-lo no contexto de uma gramatologia política em que texto e política se fundem. Cosmopolítica foi a expressão da filósofa da ciência Isabelle Stengers[36] para definir a similaridade entre natureza e

---

36 Isabelle Stengers, "La proposition cosmopolitique", 2007, pp. 45-68.

cultura com a intenção de refazer o campo da ciência, bem como a relação dos seres humanos com ela. De fato, o termo ajuda na reflexão e nos fazeres sobre a ciência, mas obriga a pensar e avaliar a presença humana na Terra junto a outros seres.

Avançamos em produções teóricas que buscam criar comunidades capazes de ir além do texto na direção de diálogos emancipatórios. A imaginação tecnoantropófaga serve-se do virtual e de seu potencial comunicacional tanto quanto do diálogo a ser pensado como um ato antropófago, em que comemos ideias, teorias e epistemologias e as mastigamos com vontade para nossa própria nutrição. Tudo isso pode acontecer na forma de um ritual, pois, como dizia Oswald de Andrade há quase cem anos, só a antropofagia nos une. Socialmente. Economicamente. Filosoficamente.[37]

A antropofagia foi um caminho de decodificação da colonização. Na contramão da mera destruição do sistema, passa-se a devorá-lo. Devorar o capitalismo devorador não acontecerá na base de sua ne-

---

[37] Oswald de Andrade, *Manifesto antropófago e outros textos*, 2017.

gação, mas por meio de sua devoração, ruminação e digestão. Mentalidades mais positivistas esperariam um plano econômico nessa hora, quando, na verdade, trata-se de romper com a interiorização. É isso o que vem sendo feito no sistema político invadido e ocupado por mulheres, pessoas negras, indígenas, vítimas do capacitismo e todos os demais enjeitados e odiados pelo sistema econômico e político de opressão moral e estética que é o PRCC.

A tarefa da filosofia nesse processo histórico é promover uma cultura de diálogo entre corpos e presenças, entre culturas e tecnologias, entre instituições e pessoas vivas que sofrem quando apenas desejam viver felizes com seus desejos. O capitalismo tornou o desejo impossível. O diálogo é, portanto, um ritual a ser levado a termo como fundamento social e da ética. A urgência na desmontagem do capitalismo começa com esse ritual contrário ao habitual, da repetição do discurso pronto, em que a servidão, o endividamento, a culpabilização e a inexpiabilidade, já denunciados por Walter Benjamin em *O capitalismo como religião*, são causa e consequência de uma lógica perversa e aprisionante.

PENSAR CRITICAMENTE É UM ATO UTÓPICO

A frase "é mais fácil imaginar o fim do mundo do que o fim do capitalismo", dita e repetida por alguns teóricos, está carregada de impotência e melancolia. Como contraponto, é possível uma mais potente e alegre: "outros mundos são possíveis". Essa contraposição não nos obriga a uma escolha por uma delas, mas possibilita uma reflexão sobre a dificuldade de pensar dialeticamente. Se a primeira nos lança na distopia, a segunda nos leva à utopia. Não à utopia como esperança ou esperançar abstratos, mas como prática da ação transformadora que nasce da reflexão crítica. Isso quer dizer que ninguém pode alcançar a utopia sem uma reflexão conectada ao senso de limite da transformação, tendo em vista um mundo destruído. Por isso, o sentido da utopia é ético e político e se relaciona a um compromisso com a vida que precisa superar a catástrofe naturalizada. Trata-se de luta em que não se visa a uma vitória abstrata que abandona o que foi vivido. A vitória implica a reconstrução a partir de escombros. Revestimentos que acobertem a história não fazem parte disso. Um dia construiremos um museu do capitalismo no qual objetos, imagens e narrativas darão conta da distopia e da exposição da codificação delirante do jogo imposto pelo PRCC aos corpos e à vida.

Otimismo e pessimismo não são simplesmente opostos, eles são opostos dialéticos. Eles se amalgamam no pensamento crítico e na ação transformadora. O pensamento crítico que não produz ação cai no ornamento melancólico burguês adorado pelos sacerdotes da impotência: acreditar que a produção da utopia é mero otimismo ou que todo otimismo é necessariamente ruim. Não há um único otimismo.

Entre o ingênuo e o crítico, há um abismo. O primeiro constitui um processo repetitivo do qual surgem os insatisfeitos decorativos e os críticos ornamentais, que abominam utopias porque elas parecem fora de moda, mas se esquecem de que o próprio pensar é um ato utópico e, por isso, caem em contradição, embora deem vitória ao pessimismo. Também esses críticos impotentes, na sua eterna autocontradição, preferem modas políticas com o objetivo de se integrarem melhor ao todo. A impotência gera coletivos satisfeitos consigo mesmos. Surge a interpassividade, que pode dar mais prazer constituindo uma comunidade de pessoas satisfeitas com sua insatisfação. Até mesmo seus críticos pessimistas talvez estejam contentes na própria interpassividade[38] da crítica anticapitalista para consumo próprio, enquanto seguem com suas vidas burguesas e consumistas ou na vida não burguesa e não consumista, mas desengajada da luta que vai

---

38 Mark Fisher, *Capitalist Realism: Is There No Alternative?*, 2009, p. 12.

além das telas de computadores com todo o miasma digital e virtual ultradepressivo de nossa época. O pessimismo teórico não pode dar lugar ao pessimismo prático.

O argumento que apela à impossibilidade da transformação e à fraqueza da utopia é muito fraco para ter peso sobre a luta dos coletivos que se organizam como dispositivos de transformação social. Nesse caso, é preferível atrapalhar a ideologia da falta de alternativa de Margaret Thatcher – à qual aderem os pessimistas práticos – do que atrapalhar nossos próprios sonhos de um mundo melhor.

No caminho da utopia prática há pessimistas, e eles devem ser levados a sério. Contudo, é bom levar em conta que o pensamento que não produz utopia cancela sua função social e psicossocial. Nesse sentido, a teoria crítica que, desde Horkheimer,[39] promete melhorar as condições de vida das pessoas é permeada pela utopia que vem a constituir uma espécie de impulso ético da teoria.

---

[39] Max Horkheimer, "Teoria Tradicional e Teoria Crítica", 1975, pp. 125-169.

É preciso compreender a função tática do que podemos chamar de "pessimismo prático", a serviço da manutenção do sistema, por oposição ao famoso "otimismo da vontade" assumido por vários marxistas desde Gramsci.[40] O "pessimismo da inteligência" como princípio de luta tem, na obra do pensador italiano, uma função prática, a saber, a de garantir a lucidez da ação, sem a qual ela fracassa, afogada na prepotência. O pessimismo ajuda a combater a prepotência. O pessimismo é um atributo da inteligência, mas não da vontade, que em Gramsci relaciona-se a uma virtude prática, ou sabedoria prática. A utopia seria a inspiração ética do Estado e da sociedade[41] que leva à ação.

---

40 A palavra de ordem "'pessimismo da inteligência, otimismo da vontade' deve ser a palavra de ordem de cada comunista consciente dos esforços e dos sacrifícios que são pedidos a quem voluntariamente escolheu um lugar de militante nas fileiras da classe operária". Antonio Gramsci, *Escritos políticos*, 1977, p. 171.

41 Em "A 'utopia' do Estado Ético em Gramsci e nos movimentos populares" (2011), Giovanni Semeraro faz a reconstituição das aparições da palavra utopia nos textos de Gramsci conectando-o ao tema de uma ético-política de Estado.

O "pessimismo prático" anda junto com o otimismo do vazio do pensamento. Eles são um efeito da dominação epistemológica, que distorce o sentido da utopia zombando dela para enfraquecê-la. No extremo do ódio à utopia está o ódio ao "comunismo", esse espectro que ronda não mais a Europa, mas o mundo todo na forma de um bicho-papão usado para assustar pessoas que perderam a capacidade de pensar analiticamente. Pessoas concretas submetidas a essa retórica se tornam incapazes de sair das suas teias. Nesse sentido, é a antiga imagem da caverna de Platão que nunca perdeu a vigência. A subjugação à ignorância, a percepção das ilusões como se fossem verdades, permanece sendo administrada sistematicamente.

A utopia é parte essencial do otimismo da vontade contra o pessimismo conservador mesmo quando usa teorias de esquerda ou críticas. A utopia é, portanto, uma ideia-prática, ou seja, um operador cognitivo e afetivo capaz de orientar a ação. Justamente por isso, conservadores do sistema econômico e político a sequestram, a distorcem em anamorfoses que se perdem no infinito e, depois, monopolizam o seu sentido construindo programas estéticos, morais e políticos caracterizados pelo nonsense das distopias naturalizadas. A depressão subjetiva e psíquica mundial relaciona-se não à perda do sentido, pois o sistema econômico e político se oferece como um novo sentido na forma da religião capitalista, mas à perda da possibilidade de criar sentido com base na imaginação como faculdade que conecta o ser humano ao mundo de um ponto de vista sensível.

Isso quer dizer que a própria vida como ela é vivida se transformou em ideologia, e as pessoas já não sabem distinguir ilusão e realidade, verdade e mentira. Talvez não saibam distinguir utopias e distopias. Tornam-se, assim, presas fáceis e agem conforme regras criadas por quem sabe manipular narrativas nas quais a noção de mundo é central.

Hoje, a mundialização econômica se transformou em mundialização do fascismo. O que as guerras representam para a indústria de armas no atacado o fascismo representa no varejo quando garante o crescimento microfísico da violência na esfera da economia tecnológica. A produção tecnológica acarreta o avanço concomitante das armas e dos meios de comunicação e visam aos corpos-sujeitos.

UM OUTRO MUNDO POSSÍVEL

Outros atores presentes definem outras condições de luta política, e um outro mundo possível já parece estar sendo forjado. Os movimentos feministas, antirracistas, indígenas e antifascistas vêm à cena, mas sofrem com a ameaça de massacre. Lutas emergentes vão sendo massacradas sob formas explícitas ou veladas de autoritarismos. O terrorismo dos Estados capitalistas não tem freio. De fato, a reação dos algozes pode ser medida nos índices crescentes de feminicídio e extermínio de jovens negros. Genocídios são praticados sem manifestações dos Estados. A compaixão não é uma característica das massas.

Mesmo assim, as lutas por Direitos Humanos e por Direitos Humanos Emergentes seguem. As lutas pelo direito à renda básica e à morte digna, pelo direito à mobilidade universal, pelo direito a ter uma família diversa reconhecida e ao matrimônio de pessoas independente da identidade de gênero e/ou do sexo, pelo direito à inclusão escolar e outros[42] surgem acompanhando os novos tempos de lutas que usam os meios digitais para avançar. Na prática, a luta segue, apesar de todos os limites econômicos e políticos impostos por grupos autoritários e violentos que fazem guerra contra as populações, sempre amparados nas táticas de sedução capitalista.

O capitalismo não é só um sistema econômico e ideológico, mas uma guerra contra os povos da Terra por ele condenados. Suas armas atingem os corpos e a vida psíquica visando, ao mesmo tempo, a cada um e a populações inteiras. O capitalismo

---

42 David Bondia Garcia. "La revolución de los Derechos Humanos emergentes: el inicio del quinto gran proceso histórico", 2015, pp. 139-190.

produz um cerco corporal-espiritual que não deixa brechas para pensar em alternativas. Justamente por isso, pensar reflexivamente e propor alternativas se torna cada vez mais revolucionário. Agir na direção de alternativas pertence à coerência ética de quem pensa. As alternativas estão dadas: a mudança de modelo econômico rumo a uma economia solidária, capaz de oferecer alimento e vida digna a todos os seres e de proteger as espécies e o próprio planeta Terra é a base de tudo.

Interromper a interiorização do capitalismo é obrigatório. Isso só será possível com a inversão dos processos de subjetivação, de forma que seja possível resgatar subjetividades devoradas pelo sistema PRCC. "Desemburguesar" a ética e a política, a teoria e a prática, a estética e o mundo da vida, rumo a um convívio com a natureza e à comunhão com a vida em geral; desacorrentar os corpos-espíritos humanos dos grilhões da ignorância, sustentados por seduções que impõem mal-estar vendido como conforto; cessar a mentira fascista; defender o cosmopolitismo[43] e a concidadania; despertar para a democracia radical e para o prazer do cuidado de si e do convívio amoroso são desafios que valem a pena ser vividos. A ideia de um projeto de cidadania cosmopolita ou transnacional (e de uma intercidadania latino-americana, se pensamos em integrar o Brasil ao espaço de Abya Yala) precisa estar em perspectiva para além da ideia das comunidades de mercado.

A própria economia precisa ser resgatada do neoliberalismo que vem destruindo o mundo. Esses resgates precisam acontecer mais rapidamente, porque o fascismo surge justamente para acelerar os processos do código distópico patrirracialcapa-

---

[43] Por meio do "direito cosmopolita" de Kant, alguém poderia reivindicar cidadania para além dos Estados e, dessa forma, garantir proteção em nível internacional para indivíduos perseguidos por Estados. Absolutamente decisiva no campo do Direito, a noção de mundo está na base de uma teoria democrática propriamente cosmopolita que seja capaz de unir direito e cidadania como "práxis das associações transfronteiriças de indivíduos". Soraya Nour Sckell, "O cosmopolitismo de Kant: direito, política e natureza", 2017, pp. 199-213.

citalista que visa à destruição do mundo enquanto o transforma em mercado da catástrofe. A mundialização capitalista depende do mercado como parte do criptocódigo da destruição do mundo. Devemos contrapor a ela um outro mundo possível.

Para que esse mundo seja construído, o fascismo precisa ser encarado internacionalmente como questão do direito em geral e de direitos humanos, pois, na prática, ele avança pela manutenção da vigência de seu princípio filosófico: a negação completa da alteridade até a sua total aniquilação.

Promover a construção de uma subjetividade amparada justamente na linguagem, capaz de reconhecimento do outro e de uma expressividade não programada e automatizada, é a tarefa histórica de intelectuais, professores e cidadãos responsáveis em geral.

Uma cultura de diálogo entre pessoas e instituições que desmonte o código distópico administrado pelo fascismo é urgente. A adesão das subjetividades esvaziadas a um discurso de ódio que aglutina a maioria das pessoas na forma de massas ignaras precisa ter fim. Contra isso, precisamos fomentar a reflexão crítica e a superação de nossas fronteiras nacionais, que incubam o ódio e promovem destruição.

REFERÊNCIAS BIBLIOGRÁFICAS

ADORNO, Theodor. *Dialética negativa*. Trad. Marco Antonio Casanova. Rio de Janeiro: Zahar, 2009.

_____. *Minima moralia*. Trad. Luiz Eduardo Bica. São Paulo: Ática, 1992.

_____; HORKHEIMER, Max. *Dialética do esclarecimento*. Trad. Guido Antonio de Almeida. Rio de Janeiro: Zahar, 1984.

ALBORNOZ, Suzana. *Ética e utopia: ensaio sobre Ernst Bloch [1985]*. Porto Alegre: Movimento, 2006.

ALPEROVITZ, Gar; DALY, Lew. *Apropriação indébita: como os ricos estão tomando a nossa herança comum*. Trad. Renata Lucia Bottini. São Paulo: Senac, 2010.

ANDRADE, Oswald de. *Manifesto antropófago e outros textos*. São Paulo: Penguin e Companhia das Letras, 2017.

BALTRUSAITIS, Jurgis. *Anamorphoses: Les perspectives dépravées*. Paris, Flammarion, 1996.

BENJAMIN, Walter. *A obra de arte na era de sua reprodutibilidade técnica*. Trad. Gabriel Valladão Silva. São Paulo: L&PM, 2018.

_____. *O capitalismo como religião*. Trad. Nélio Schneider. São Paulo: Boitempo, 2015.

BERNAYS, Edward. *Propaganda: Comment manipuler l'opinion en démocratie*. Paris: Zones, 2007.

BOURDIEU, Pierre. "Sur le pouvoir symbolique". In: *Annales. Economies, sociétés, civilisations*, 32, n. 3, 1977, pp. 405-411.

_____. *A distinção: crítica social do julgamento*. Trad. Daniela Kern e Guilherme. J. F. Teixeira. São Paulo: Edusp; Porto Alegre: Zouk, 2007.

CAVAILLÉ, Jean-Pierre. *Descartes: a fábula do mundo*. Trad. Miguel Serras Pereira. Lisboa: Instituto Piaget, 1991.

CEPAL, Comissão Econômica para a América Latina e Caribe. "Os povos indígenas na América Latina: avanços na última década e desafios pendentes para a garantia de seus direitos", fev. 2015. Disponível em: <www.repositorio.cepal.org/server/api/core/bitstreams/674dfaa2-fe61-484a-a61f-390330e9174a/content>. Consultado em 12 dez. 2023.

FILHOS da esperança. Dir. Alfonso Cuarón. Prod. Beacon Communications. Estados Unidos: Universal Pictures, 2006.

CLAEYS, Gregory. *Dystopia: a Natural History – A Study of Modern Despotism, Its Antecedents, and Its Literary Diffractions.* Oxford University Press, 2017.

CLAEYS, Gregory. *Utopia: a história de uma ideia.* Trad. Pedro Barros. São Paulo: Sesc edições, 2013.

CURTIUS, Ernst Robert. *Literatura europeia e Idade Média latina.* Trad. Paulo Rónai e Teodoro Cabral. Brasília: Instituto Nacional do Livro, 1996.

CUSICANQUI, Silvia Rivera. *Ch'ixinakax utxiwa: una reflexión sobre prácticas y discursos descolonizadores.* Buenos Aires: Tinta Limón, 2010.

D'AGOSTINI, Franca. *Lógica do niilismo: dialética, diferença, recursividade.* Trad. Marcelo Perine. São Leopoldo: Editora Unisinos, 2002.

D'EAUBONNE, Françoise. *Le Féminisme ou la mort.* Paris: Le Passager Clandestin, 2020.

DEBORD, Guy. *A sociedade do espetáculo: comentários sobre a sociedade do espetáculo.* Trad. Estela dos Santos Abreu. Rio de Janeiro: Contraponto, 2004.

DERRIDA, Jacques. "La facteur de la Verité". In: *Poétique: Revue de théorie et d'analyse littéraires.* Vol. 21, 1975, pp. 96-147.

_____. *Força de lei: o fundamento místico da alteridade*. Trad. Leyla Perrone-Moisés. São Paulo: WMF Martins Fontes, 2018.

DOWBOR, Ladislau. *A era do capital improdutivo: por que oito famílias têm mais riqueza do que a metade da população do mundo?* São Paulo: Autonomia Literária, 2017.

ELIAS, Norbert. *A sociedade de corte: investigação sobre a sociologia da realeza e da aristocracia de corte*. Trad. Pedro Süssekind. Rio de Janeiro: Jorge Zahar Editor, 1969.

ÉLUARD, Paul. *Oeuvres complètes*. Tomo: 1, 1931-1945. Paris: Gallimard, 1968.

FANON, Frantz. *Os condenados da Terra*. Trad. Ligia Fonseca Ferreira; Regina Salgado Campos. Zahar: Rio de Janeiro, 2022.

FEDERICI, Silvia. *Calibã e a bruxa: mulheres, corpo e acumulação primitiva*. Trad. Coletivo Sycorax. São Paulo: Elefante, 2021.

FISHER, Mark. *Capitalist Realism: Is There No Alternative?*. Zero Books, 2009.

FLUSSER, Vilém. *Gestos*. São Paulo: Annablume, 2014.

_____. *O mundo codificado: por uma filosofia do design e da comunicação*. Trad. Raquel Abi-Sâmara. São Paulo: Cosac & Naify, 2007.

FOUCAULT, Michel. *O governo de si e dos outros*. Trad. Eduardo Brandão. São Paulo: Martins Fontes, 2011.

_____. "Des espaces autres (1967), Hétérotopies." (Conferência no Cercle d'Études Architecturales, 14 mar. 1967). In: *Architecture, mouvement, continuitè*, n. 5, out. 1984, pp. 46-49.

_____. *A hermenêutica do sujeito*. Trad. Márcio Alves Fonseca e Salma Tannus Muchail. São Paulo: Martins Fontes, 2010.

_____. *A ordem do discurso*. Trad. Laura Fraga de Almeida. São Paulo: Loyola, 1999.

_____. *Histoire de la sexualité: La volonté de savoir*. Paris: Gallimard, 1994.

_____. *Microfísica do poder*. Org. e rev. téc. Roberto Machado. Rio de Janeiro: Paz & Terra, 2021.

_____. *O nascimento da biopolítica*. Trad. Eduardo Brandão. São Paulo: Martins Fontes, 2010.

FREGE, Gottlob. *Conceitografia: uma linguagem formular do pensamento puro decalcada sobre a aritmética*. Trad. Paulo Alcoforado, Alessandro Duarte e Guilherme Wyllie. Seropédica: PPGFIL-UFRRJ, 2018.

GADAMER, Hans-George. *Verdade e método: traços fundamentais de uma hermenêutica filosófica*. Trad. Flávio Paulo Meurer. Petrópolis: Vozes, 1999.

GARCIA, David Bondia. "La revolución de los Derechos Humanos emergentes: el inicio del quinto gran proceso histórico." In: SANCHEZ, Miguel Revenga; GÓMEZ, Patrícia Cuenca (orgs.). *El tiempo de los derechos humanos en el siglo XXI*. Barcelona: Dykinson, 2015, pp. 139-190.

GOODMAN, Nelson. *Ways of Worldmaking*. Reino Unido: The Harvester Press, 1978.

GRAMSCI, Antonio. *Escritos políticos*. Vol. II. Trad. Manuel Simões. Lisboa: Seara Nova, 1977.

GROSJEAN, Pauline. *Patriarcapitalisme: En finir avec les inégalités femmes-hommes*. Paris: Le Seuil, 2021.

GRÜNER, Eduardo. "La Tragedia, o el fundamento perdido de lo político". In: BORON, Atilio A., VITA, Álvaro de (orgs.). *Teoría y filosofía política: la recuperación de los clásicos en el debate latino-americano*. Buenos Aires: Clacso, 2002, pp. 13-50.

HAIDU, Peter. *Sujeito medieval/moderno: texto e governo na Idade Média*. Trad. André Vieira, Cecília Prada e Marcelo Rounet. São Leopoldo: Editora Unisinos, 2003.

HEGEL, G.W.F. Vorlesungen über die Ästhetik. Erster und zweiter Teil [1835]. Ditzingen: Reclam, 2008.

HERMAN, Edward; CHOMSKY, Noam. *Manufacturing Consent: The Political Economy of the Mass Media*. Nova York: Pantheon Books, 1988.

HORKHEIMER, Max. "Teoria Tradicional e Teoria Crítica." In: BENJAMIN, Walter et al. *Textos escolhidos*. Trad. José Lino Grünnewald et al. São Paulo: Abril Cultural, 1980, pp. 125-169. (Coleção Os Pensadores)

JACOBY, Russell. *O fim da utopia, política e cultura na era da apatia*. Trad. Clóvis Marques. Rio de Janeiro: Record, 2001.

JAMESON, Fredric. *Archaeologies of the Future: The Desire Called Utopia and Other Science Fictions*. London, Nova York: Verso, 2005.

KAFKA, Franz. *Essencial*. Trad. Modesto Carone. São Paulo: Penguin-Companhia, 2011.

_____. *Um médico rural*. Trad. Modesto Carone. São Paulo: Editora Brasiliense, 1994.

KLEIN, Naomi. *A doutrina do choque: a ascensão do capitalismo de desastre*. Trad. Vania Cury. Rio de Janeiro: Nova Fronteira, 2008.

KOJÈVE, Alexandre. *Introdução à filosofia de Hegel*. Trad. Estela dos Santos Abreu. Rio de Janeiro: Ed. Uerj, Contraponto, 2002.

LACLAU, Ernesto. *A razão populista*. Trad. Carlos Eugênio Marcondes de Moura. São Paulo: Três Estrelas, 2013.

_____; MOUFFE, Chantal. *Hegemonia e estratégia socialista: por uma política democrática radical*.

Trad. Joanildo A. Burity, Josias de Paula Jr. e Aécio Amaral. São Paulo: Intermeios, 2015.

LATOUR, Bruno. *Jamais fomos modernos: ensaio de antropologia simétrica*. Trad. Carlos Irineu da Costa. Rio de Janeiro: Editora 34, 1994.

LÉVI-STRAUSS, Claude. *Tristes trópicos*. Trad. Rosa Freire Aguiar. São Paulo: Companhia das Letras, 1996.

LÖWY, Michael. "Negatividad y utopía del movimiento altermundista". In: *Laberinto*, n. 23, 1º quadrimestre, 2007, pp. 43-47.

LYOTARD, Jean-François. *A condição pós-moderna*. Trad. Ricardo Corrêa Barbosa. Rio de Janeiro: José Olympio, 2009.

MARIS, Bernard; DOSTALER, Gilles. *Capitalisme et pulsion de mort: Freud et Keynes*. Paris: Albin Michel, 2009.

MARQUES, Eduardo Marks de. "From Utopian Hope to Dystopian Despair: Late Capitalism, Transhumanism and the Immanence of Marxist Thought in Contemporary Dystopian Novels". In: *Transculturalidade e de(s)colonialidade nos estudos em inglês no Brasil*. Maceió: EdUFAL, 2014, pp. 257-285.

MARX, Karl. *O 18 de brumário de Luís Bonaparte*. Trad. Nélio Schneider. São Paulo: Boitempo, 2011.

_____. *Thesen über Feuerbach*. [Nach dem mit dem Marxschen Manuskript von 1845 verglichenen Text der Ausgabe von 1888]. In: MARX, Karl; ENGELS, Friedrich. *Ausgewählte Schriften in zwei Bänden*. Vol. 2, Berlim, 1955.

MATOS, Andityas S. de Moura Costa. *A An-arquia que vem: fragmentos de um dicionário de política radical*. São Paulo: Sobinfluencia, 2022.

MATURANA, Humberto. *Cognição, ciência e vida cotidiana*. Trad. Cristina Magro; Victor Paredes. Belo Horizonte: Editora UFMG, 2001.

MERCHANT, Carolyn. *The Death of Nature: Women, Ecology, and the Scientific Revolution*. São Francisco: HarperOne, 2019.

MÉSZÁROS, Istvan. *Para além do capital*. Trad. Sérgio Lessa e Paulo Cezar Castanheira. São Paulo: Boitempo, 2002.

MOHR, Dunja M. "Transgressive Utopian Dystopias: The Postmodern Reappearance of Utopia in the Disguise of Dystopia". In: ZAA, 55(1), 2007, pp. 5-24.

MORUS, Thomas. *Utopia*. Trad. Luís de Andrade. São Paulo: Edipro, 2022 [1516].

MOUFFE, Chantal. *Agonistics: Thinking the World Politically*. Londres: Verso, 2013.

_____. *The Democratic Paradox*. Londres: Verso, 2000.

NEGRI, Antonio; HARDT, Michael. *Bem-estar comum*. Trad. Clóvis Marques. Rio de Janeiro: Record, 2016.

PRECIADO, Paul B. "Multitudes queer: notes pour une politiques des 'anormaux'". In: *Multitudes* Vol. 12, n. 2, 2003, pp. 17-25.

RANCIÈRE, Jacques. "'A política é imaginação'. Entrevista com Jacques Rancière". Entrevista concedida a Melica Balcázar Moreno. Trad. Cepat. Instituto Humanitas Unisinos, 27 jul. 2018. Disponível em: <www.ihu.unisinos.br/581209-a-politica-e-imaginacao-entrevista-%20com-jacques-ranciere>.

_____. *O ódio à democracia*. Trad. Mariana Echalar. São Paulo: Boitempo, 2014.

SANTOS, Milton. *Por uma outra globalização: do pensamento único à consciência universal*. Rio de Janeiro: Record, 2021.

SARGENT, Lyman Tower. "The three faces of utopianism revisited". In: *Utopian Studies*. Vol. 5, n. 1, 1994, pp. 1-37. Disponível em: <www.chrome-extension://efaidnbmnnnibpcajpcglclefindmkaj/https://badspaceusao.files.wordpress.com/2018/12/Sargent-Three-Faces-of-Utopianism-Reconsidered.pdf>.

SCHOLZ, Roswitha. "O valor é o homem. Teses sobre a socialização pelo valor e a relação entre os sexos", jun. 2017 [1992]. Trad. José Marcos Macedo. Disponível em <www.obeco-online.org/rst1.htm>.

SCHOPENHAUER, Arthur. *O mundo como vontade e representação*. Trad. M.F. Sá Correia. Rio de Janeiro: Contraponto, 2007.

SCKELL, Soraya Nour. "O cosmopolitismo de Kant: direito, política e natureza." In: *Estudos Kantianos [EK]*. Vol. 5, n. 1, 2017, pp. 199-213. Disponível em: <www.doi.org/10.36311/2318-0501.2017.v5n1.14.p199>.

SEGATO, Rita Laura. *Las estructuras elementares de la violencia: ensayos sobre género entre la antropología, el psicoanálisis y los derechos humanos*. Bernal: Universidade Nacional de Quilmes, 2003.

_____. *La guerra contra las mujeres*. Madrid: Traficante de Sueños, 2016.

SEMERARO, Giovanni. "A 'utopia' do Estado Ético em Gramsci e nos movimentos populares." In: *R. Educ. Públ.* Cuiabá. Vol. 20, n. 44, set-dez 2011, pp. 465-480. Disponível em: <www.periodicoscientificos.ufmt.br/ojs/index.php/educacaopublica/article/download/318/286/308>.

SEOANE, José; TADDEI, Emilio (orgs.). *Resistencias mundiales: de Seattle a Porto Alegre*. Buenos Aires: Clacso, 2001

SETTON, Maria da Graça Jacintho. "A teoria do habitus em Pierre Bourdieu: uma leitura contemporânea". In: *Revista Brasileira de Educação* (20), ago. 2002, p. 60-70. Disponível: <www.doi.org/10.1590/S1413-24782002000200005>.

SPINOZA, Benedito. *Tratado teológico-político*. Trad. Diogo Pires Aurélio. Lisboa: Imprensa Nacional Casa da Moeda, 2004.

STENGERS, Isabelle. "La proposition cosmopolitique." In: LOLIVE, Jacques; SOUBEYRAN, Olivier (orgs.). *L'émergence des cosmopolitiques*. Paris: La Découverte, 2007.

STOICHITA, Victor. *A Short History of the Shadow*. Kindle Edition, 2013.

TIBURI, Marcia. *Como conversar com um fascista*. Rio de Janeiro: Record, 2015.

_____. *Como derrotar o turbotecnomachonazifascismo, ou seja lá o nome que se queira dar ao mal que devemos superar*. Rio de Janeiro: Record, 2020.

_____. *Complexo de vira-lata: análise da humilhação colonial*. Rio de Janeiro: Civilização Brasileira, 2021.

_____. *Delírio do poder: psicopoder e loucura coletiva na era da desinformação*. Rio de Janeiro: Record, 2019.

_____. *Olho de vidro: a televisão e o estado de exceção da imagem*. Rio de Janeiro: Record, 2011.

_____. *Ridículo político: uma investigação sobre o risível, a manipulação da imagem e o esteticamente correto*. Rio de Janeiro: Record, 2017.

_____; DIAS, Andréa C. *Sociedade fissurada: para pensar as drogas e a banalidade do vício*. Rio de Janeiro: Civilização Brasileira, 2012.

TÜRCKE, Christoph. *Sociedade excitada: filosofia da sensação*. Trad. Antonio A.S. Zuin et al. Campinas: Editora Unicamp, 2010.

VOLTAIRE. *Cândido, ou o Otimismo*. São Paulo: Companhia das Letras, 2012.

WALLERSTEIN, Immanuel. *Análisis de sistemas-mundo: una introducción*. Trad. esp. Carlos Daniel Schroeder. México: Siglo Veintiuno, 2005.

WARBURG, Aby. *Histórias de fantasma para gente grande. Escritos, esboços e conferências*. Trad. Lenin Bicudo Bárbar. São Paulo: Companhia das Letras, 2015.

WEBER, Max. *A ética protestante e o espírito do capitalismo*. Trad. José Marcos Mariani de Macedo. São Paulo: Companhia das Letras, 2004.

WITTGENSTEIN, Ludwig. *Tractatus Logico-Philosophicus*. Trad. Luiz Henrique Lopes dos Santos. São Paulo: Edusp, 1994.

YOURCENAR, Marguerite. *Le Cerveau noir de Piranèse: les prisons imaginaires*. Paris: Gallimard, 1991.

Este livro foi composto na tipografia Minion Pro,
em corpo 11/17, e impresso em
papel offwhite no Sistema Cameron da
Divisão Gráfica da Distribuidora Record.